Josef Wilpert

Prinzipienfragen der christlichen Archäologie mit besonderer Berücksichtigung der Forschungen von Schultze, Hasenclever und Achelis

Josef Wilpert

Prinzipienfragen der christlichen Archäologie mit besonderer Berücksichtigung der Forschungen von Schultze, Hasenclever und Achelis

ISBN/EAN: 9783743607484

Hergestellt in Europa, USA, Kanada, Australien, Japan

Cover: Foto ©Lupo / pixelio.de

Manufactured and distributed by brebook publishing software (www.brebook.com)

Josef Wilpert

Prinzipienfragen der christlichen Archäologie mit besonderer Berücksichtigung der Forschungen von Schultze, Hasenclever und Achelis

Principienfragen

der

christlichen Archäologie

mit besonderer Berücksichtigung der

„Forschungen" von Schultze, Hasenclever und Achelis

erörtert von

Joseph Wilpert.

Mit zwei Tafeln in Lichtdruck.

Freiburg im Breisgau.
Herder'sche Verlagshandlung.
1889.
Zweigniederlassungen in *Strassburg*, *München* und *St. Louis*, Mo.
Wien I, Wollzeile 33: B. Herder, Verlag.

Buchdruckerei der Mordor'schen Verlagshandlung in Freiburg

Vorwort.

In einem von Professor V. Schultze „über den gegenwärtigen Stand der kirchlich-archäologischen Forschung" vor kurzem veröffentlichten Aufsatze (in Luthardts *Zeitschrift für kirchliche Wissenschaft und kirchliches Leben*, Jahrg. 1888, S. 296 ff.) lesen wir gegen Schluss folgende Sätze: „Angesichts der lebhaftesten Thätigkeit, welche auf unserm Gebiete" (der christlichen Archäologie) „herrscht, darf man die Hoffnung hegen, dass nicht nur die wissenschaftliche Bedeutung der kirchlichen Alterthumswissenschaft in steigendem Masse Anerkennung finde, sondern in der allgemeinen theologischen Arbeit die Erträge dieser Disciplin immer mehr verwerthet werden. Besonders erfreulich ist die Wahrnehmung, dass die deutsche protestantische Wissenschaft gegenwärtig an der monumentalen Forschung in hohem Grade betheiligt ist, und, was die Methode und Reife des Urtheils anlangt, im allgemeinen die römisch-katholischen Archäologen weit überholt hat." Der erste Satz ist uns sozusagen aus der Seele gesprochen; den zweiten bekräftigt Schultze durch den Hinweis auf die Arbeiten zweier Gelehrten, eines Katholiken und eines Protestanten; er sagt: „Man vergleiche nur die Arbeiten zweier jüngerer Forscher auf diesem Gebiete, auf der einen Seite Liells Buch über die Mariendarstellungen in den Katakomben, auf der andern Seite die Untersuchungen von Achelis über das Fischsymbol." Weiter oben lobt Schultze die „gründlichen und ruhigen Untersuchungen" Achelis'; er meint, dass sie „einen wesentlichen Fortschritt in der Auffassung des Symbols bezeichnen und eine Reihe von Ergebnissen bringen, die wir als dauernden Gewinn anzusehen haben". Der Arbeit Liells widmeten wir schon vor zwei Jahren in der *Zeitschrift für katholische Theologie* (Jahrg. 1887, S. 302 ff.) eine ausführliche Besprechung, in welcher wir auf die grossen Verdienste Liells aufmerksam machten, zugleich aber auch die Irrthümer hervorhoben und, so weit es uns nothwendig schien, dieselben berichtigten. Die oben citirten Worte, in denen der Greifswalder Universitätsprofessor dem Herrn Dr. Hans Achelis so überreiches Lob spendet, haben uns veranlasst, nun auch dessen Schrift (der volle Titel lautet: *Das Symbol des Fisches und die Fischdenkmäler der römischen Katakomben*) einer ausführlichen Kritik zu unterwerfen, und zwar nicht so sehr um die „römisch-katholischen Archäologen" gegen die Anklage Schultze's zu vertheidigen — der religiöse Standpunkt eines Autors kommt hier wie bei unseren Arbeiten überhaupt gar nicht zur Geltung —, sondern um an ihr zu zeigen, wie man in Deutschland in gewissen Gelehrtenkreisen „wissenschaftlich" forscht, „wissenschaftlich" thätig ist.

Achelis polemisirt in seiner Schrift gegen „de Rossi und seine Schule", oder schlechthin gegen die „römisch-katholischen Archäologen", und stellt diesen die Forschungen gegenüber, welche „die neuesten Katakombenschriftsteller V. Schultze und Hasenclever" in ihren Werken niedergelegt haben: ersterer in den *archäologischen Studien* (Wien 1880) und den *Katakomben* (Leipzig 1882), letzterer in dem *altchristlichen Gräberschmuck* (Braunschweig 1886). Dadurch zwang er uns, auch diese beiden Gelehrten näher zu berücksichtigen und eine Reihe von Principienfragen der christlichen Alterthumskunde genauer zu erörtern, als es bisher geschehen ist. Auf diese Weise erhielt die vorliegende Arbeit einen allgemeinen Charakter: sie ist polemisch, indem sie sich gegen die drei ebengenannten Gelehrten richtet; sie hat aber auch eine vorwiegend positive Seite, indem viele Fragen, zumal auf dem Gebiete der Symbolik, eingehend behandelt werden, auf welchem von der katholischen wie protestantischen Forschung so sehr gesündigt worden ist und noch immer gesündigt wird.

Wir schlossen uns in unseren Erörterungen gewöhnlich an de Rossi an, dessen monumentale Arbeiten für die christliche Alterthumskunde stets als grundlegende gelten müssen. Es ist zu bedauern, dass seine Resultate in Deutschland noch nicht überall die gebührende Werthschätzung und Verwerthung gefunden haben; man kennt sie vielfach nur aus zweiter Quelle: aus den knappen Auszügen seiner Folianten. Diesem Uebelstande wird man es besonders zuzuschreiben haben, wie jene „neuesten Katakombenschriftsteller" gegen de Rossi's Forschungen sich erheben und dieselben mit einem gewissen Erfolge bekämpfen konnten. Der Erfolg ist jedoch, wie wir zeigen werden, nur ein scheinbarer, und die Art und Weise, wie der Kampf von ihnen geführt wurde, durchaus unwissenschaftlich.

Mit Hasenclever, dessen Forschungen eine breitere Grundlage haben, beschäftigen wir uns im ersten Theil; Achelis, der in der Hauptsache sich nur über das Fischsymbol verbreitet, kommt an zweiter Stelle zur Sprache; weil sodann die Forschungen beider in nicht seltenen Fällen ein getreues Echo derjenigen Schultze's sind, so befassen wir uns mit diesem sowohl im ersten als auch im zweiten Theile und zwar so häufig, dass wir, abgesehen von seiner grösseren Auctorität, allein schon deswegen seinen Namen im Titel an die Spitze stellen konnten.

Rom, im Februar 1889.

Der Verfasser.

Inhaltsangabe.

Vorwort v

Erster Theil.
Haseneclevers Theorie von der Entstehung des altchristlichen Gräberschmucks.

Erster Abschnitt.
Die altchristliche Epigraphik 1

Zweiter Abschnitt.
Die einzelnen Bildwerke des altchristlichen Gräberschmucks (mit gelegentlicher Berücksichtigung der Forschungen Schultze's) 5

§ 1. Orpheus 6
§ 2. Die Personificationen 7
§ 3. Andere „zur Decoration" gehörige Zeichen und Bilder . . . 8
§ 4. Der Delphin 9
§ 5. Der Hahn 9
§ 6. Das Lamm 10
§ 7. Die Taube 11
§ 8. Der Fisch 13
§ 9. Der gute Hirt 14
§ 10. Die Auferweckung des Lazarus 16
§ 11. Die Jonasbilder 16
§ 12. Die Darstellungen des Sündenfalles im Paradiese . . . 17
§ 13. Das Opfer Abrahams 18
§ 14. Job 20
§ 15. Daniel in der Löwengrube und die drei Jünglinge im Feuerofen . 21
§ 16. Das Quellwunder des Moses 23
§ 17. Die Anbetung der Magier 33
§ 18. Die Scenen der Heilungen 34
§ 19. Die klugen und thörichten Jungfrauen 35

Zweiter Theil.

Achelis und das Symbol des Fisches.

Erster Abschnitt.

Vorbemerkungen über die literarischen Hilfsmittel Achelis' . . . 37

Zweiter Abschnitt.

Achelis' Beurtheilung der auf den ΙΧΘΥΣ bezüglichen „Väterstellen" . 39

Dritter Abschnitt.

Das Symbol des Fisches auf den Monumenten 50
   § 1. Die Inschriften des Abercius und Pectorius und ihre Beziehungen zu den Fischbildern von S. Callisto 50
   § 2. Die röm. Epitaphien (mit gelegentlicher Berücksichtigung der Forschungen Schultze's) 62
      a. Der Delphin bei den ersten Christen identisch mit ΙΧΘΥΣ . . 62
      b. Der Fisch als angebliche „Illustration zu dem Namen des Verstorbenen" 63
      c. Der Fisch als angebliches „reines Ornament" 78
      d. Der Fisch als angebliche „Bezeichnung des Gewerbes des Verstorbenen" 83
   § 3. Die Fischbilder von S. Callisto nach der Erklärung Achelis' . . . 89
      a. Die Mahle in den sogen. Sacramentskapellen 89
      b. Die Fischbilder aus S. Lucina 97
      c. Die Fischfangscenen in den sogen. Sacramentskapellen . . 99
Schluss 100

Namen- und Sachverzeichniss 101
Erklärung der Tafeln 104

Erster Theil.

Hasenclevers Theorie von der Entstehung des altchristlichen Gräberschmucks.

Erster Abschnitt.
Die altchristliche Epigraphik.

Das Wissenswertheste über die Genesis seiner Theorie von der Entstehung des altchristlichen Gräberschmucks theilt uns Hasenclever kurz in der „Vorrede" seines Werkes[1] mit: Eine Zeit lang sei er „in dem Bann hergebrachter Anschauungen befangen" gewesen; da sei ihm, „bei einem Aufenthalt in der ewigen Stadt", „durch Vergleichung der altchristlichen sepulcralen Denkmäler mit denjenigen des antiken Rom ein völlig neues Licht über die Bedeutung der ersteren, speciell ihrer Ornamentik, aufgegangen".

Einen ähnlichen Prozess, mutatis mutandis, haben wir uns nach Hasenclever auch in den Köpfen der alten Christen in Bezug auf die Kunst vollzogen zu denken: zunächst herrschte bei ihnen, wie ein dichter Nebel, der Bann der aus dem Heidenthume hergebrachten Anschauungen; sie haben gedankenlos das in der paganen Kunst Geübte einfach weiter fortgesetzt, bis auf einmal die Sonne der Reflexion jenen Bann durchbrach und die heidnischen Gebilde einen christlichen Charakter erhielten. Diese Erscheinung will Hasenclever auf allen Gebieten der Kunst beobachtet haben. Folgen wir ihm zuerst auf das Gebiet der Epigraphik.

„Selbst in den christlichen Grabinschriften", so Hasenclever (S. 178), „sehen wir eine in den ersten Jahrhunderten nur wenig abweichende Fortsetzung des Alten, ja in einzelnen Momenten sogar eine völlig gedankenlose Beibehaltung von Formeln, welche direct an die antike Mythologie erinnern. Es gibt daher eine Menge von Inschriften, bei welchen die christliche oder pagane Abstammung zweifelhaft und weder nach der einen noch nach der anderen Seite klar zu erweisen ist. Bei vielen steht der christliche Charakter nur fest durch den Fundort, an welchem das Vorhandensein heidnischer tituli schwer zu erklären oder völlig ausgeschlossen ist."

---

[1] Der volle Titel lautet: *Der altchristliche Gräberschmuck. Ein Beitrag zur christlichen Archäologie* von Dr. Adolf Hasenclever, Pastor in Braunschweig.

In diesen Sätzen erhebt Hasenclever gegen die Christen der ersten Jahrhunderte einen in allgemeinen Ausdrücken gehaltenen Vorwurf, für welchen factische Belege beizubringen er nicht für nothwendig hält; es dürfte ihm dieses auch schwerlich gelingen, denn Uebertreibungen lassen sich nicht beweisen. Die ältesten Inschriften sind gewöhnlich in lakonischer Kürze abgefasst: sie bieten entweder nur den Namen des Beigesetzten oder zusammen mit dem Namen dessen, der das Grab errichten liess; häufig steht bei jenem irgend ein Epitheton, wie dulcissimus, incomparabilis, benemerens, γλυκύτατος, oder die Zahl der Lebensjahre des Verstorbenen. So lauten die Inschriften, die uns in den ersten Anlagen der römischen Katakomben, besonders in Domitilla und Priscilla begegnen, und wenn eine Aehnlichkeit mit heidnischen Epitaphien vorliegt, so ist sie rein accidentell und rührt einzig daher, dass die Christen in derselben Sprache wie „ihre heidnischen Mitbürger" redeten. Oder ist es ein „Erbstück aus der Antike", dass die Eltern auf die Grabplatte den Namen des verstorbenen Kindes einschrieben, oder die Kinder den der Eltern, der Mann den seiner Gattin u. s. f.? dass sie das Beiwort dulcissimus und ähnliche beifügten? Ist es etwas specifisch heidnisches, dass man auch das Alter der Verstorbenen vermerkte? Das sind doch alles Dinge, die weder specifisch christlich noch specifisch heidnisch sind, sondern unter die allgemeine Rubrik des Menschlichen fallen, und wenn Hasenclever den Muth hat, hier „eine völlig gedankenlose Beibehaltung von Formeln, welche direct an die antike Mythologie erinnern", zu erblicken, so muss er folgerichtig den ersten Christen noch vorwerfen, dass sie „in völliger Gedankenlosigkeit" ihre „aus der Antike" übernommene menschliche Natur weiter beibehielten und nicht vielmehr nach einer von den Heiden verschiedenen sich umsahen!

„Andere (Inschriften)", führt Hasenclever weiter fort, „sind nur durch einzelne Zeichen oder Formeln von den antiken zu unterscheiden, in der vorconstantinischen Zeit besonders durch die Formeln in pace. ἐν εἰρήνῃ. — diese christlichen Grabformeln κατ' ἐξοχήν —, oder durch die Acclamation vivas in Deo, vivas in aeternum, nach Constantin durch das Monogramm Christi oder A-Ω. In dieser Epoche finden wir auch erst eine selbständige Ausbildung des Formulars der christlichen Grabinschriften." [1]

Also die Ausdrücke „in pace, ἐν εἰρήνῃ" sind die „christlichen Grabformeln κατ' ἐξοχήν", sie kommen „in der vorconstantinischen Zeit besonders" vor, und doch findet „eine selbständige Ausbildung des Formulars der christlichen Grabinschriften" erst nach Constantin statt! Abgesehen von dieser kleinen Gedankenlosigkeit entspricht das von Hasenclever über die Entwicklung des christlichen Inschriften-Formulars Gesagte in keiner Weise den Monumenten selbst. Eine kritische Prüfung der christlichen Inschriften ergibt, dass diese bald bei ihrem ersten Auftreten gewisse Merkmale hatten, durch welche sie sich von den heidnischen unterschieden.

---

[1] Die letztere Behauptung wird noch zweimal S. 181 f. wiederholt.

Um einen concreten, sichern Anhaltspunkt zu haben, wollen wir unsere Behauptung an den Epitaphien beweisen, die man in den letzten Decennien in S. Priscilla ausgegraben hat. In dieser Katakombe lässt sich die zeitliche Aufeinanderfolge der einzelnen Gallerien so zu sagen Schritt für Schritt verfolgen; da nun viele von den Grabschriften an ihrer ursprünglichen Stelle sich befinden, so ist uns damit von selbst auch die allmähliche Ausbildung des epigraphischen Formulars an die Hand gegeben. De Rossi hat im *Bullettino di archeol. cristiana* (a. 1886 p. 34 sqq.) diese Inschriftenfamilie veröffentlicht; es sind zusammen mit den Fragmenten 257 Nummern.

1. Das erste Distinctivum ist hier das gänzliche Fehlen der Weiheformel D(is) · M(anibus), die auf heidnischen Epitaphien unter hundert Fällen wonigstens fünfzigmal auftritt. Auf christlichen Inschriften ist sie äusserst selten und begegnet uns erst gegen Ende des zweiten Jahrhunderts, also zu einer Zeit, wo diese Formel, die seit den ersten Kaisern aufkam, durch ihren fast zweihundertjährigen Gebrauch die idololatrische Bedeutung verloren hatte und zu einem äussern Unterscheidungsmerkmal der sepulcralen von anderen Inschriften herabgesunken war.

2. Die heidnischen Epitaphien unterlassen ferner nie, den Stand des Verstorbenen, seine Ehren und Würden anzuführen; daher die ganze Nomenclatur sowie auch die Erwähnung der servi und liberti; auf den christlichen dagegen wird dieser Dinge wenig oder gar nicht gedacht[1]; der Stand der servi zumal, der dem Geiste des Evangeliums am meisten widerstrebte, wird hier nie angeführt, ja man adoptirte ein eigenes Wort, das man für das verächtliche servus gebrauchte: alumnus, θρεπτός.

So unterscheiden sich die christlichen von den heidnischen Inschriften mehr durch das, was sie verschweigen, als durch das, was sie sagen. Diese Erscheinungen beruhten nicht etwa auf gewissen schriftlichen Normen oder einer mündlichen Tradition; sie waren vielmehr die spontane Wirkung der christlichen Lehre, auf deren Grundsätzen die neue christliche Gesellschaft sich aufbaute, und welche die ältesten Inschriften, wie ein Spiegel, reflectiren[2].

3. Auf mehreren Epitaphien treten positive Elemente hinzu, durch die sie zu christlichen gestempelt werden: das Symbol des Ankers (n. 40. 44. 45. 56. 65 sq. 81. 83. 84. 86 sqq. 92. 100. 105 sq. 115. 120. 143. 162 sq. 191. 192 sqq. 196. 207. 217. 219. 253. 256.)[3], der Palme (n. 66. 103. 147. 153. 160. 197), oder der apostolische Gruss PAX TECVM, PAX TIBI, ΕἸΡΉΝΗ COI (n. 24. 68. 80. 82. 83. 87. 219. 227. 248. 253. 254), aus welchem sich die seit der Mitte des dritten Jahrhunderts ständig wiederkehrende Formel IN PACE herausbildete. Auf anderen Inschriften ist das Schweigen unter-

---

[1] Dass die christliche Gemeinde anfänglich aus den niedrigsten Ständen, „der Hefe der menschlichen Gesellschaft" gebildet war, ist ein Märchen, an welches wohl auch Hasenclever nicht glaubt.
[2] Vergl. de Rossi, *Roma Sotterranea* I, 341 sqq.; II, 301 sqq.
[3] Ueber die symbolische Bedeutung des Ankers wird auf S. 81 gehandelt.

brochen durch die Acclamationen: IN DEO (tav.1.), VIVAS IN DEO (n. 146), SPIRITVS TVVS REQVIESCAT (n. 50) oder durch die Bitte um ein Memento beim Gottesdienst in den Katakomben (n. 36. 37, tav. IX, 1); wieder andere enthalten Ausdrücke, die nur christlichen Inschriften eigen sind, wie: DORMITIONI, DORMIT IN PACE (n. 231 sqq.); andere endlich sind aus Versen älterer Gedichte religiösen Inhaltes zusammengesetzt. So besteht das Epigramm der Agape (*Bull.* 1885 p. 72 sq., 1886 tav. IX, 1) aus Versen eines Hymnus, „cuius argumentum erat mors tanquam poena peccati et spes vitae aeternae reparata per Christum" [1]. Solche Grundwahrheiten des Christenthums standen in directem Gegensatz zu heidnischen, gleichfalls Gedichten entnommenen Epitaphien, die den vorübergehenden viator zum heiteren Genusse des Lebens aufforderten. Auf einer längeren Inschrift dieser Art lesen wir: STVLTVM EST TEMPORE ET OMNI DVNC MORTEM METVAS AMITTERE GAVDIA VITAE. MORS ETENIM HOMINVM NATVRA NON POENA EST. CVI CONTIGIT NASCI INSTAT ET MORI [2]. Um den Gegensatz klar hervortreten zu lassen, wollen wir die Inschrift der Agape hierhersetzen

DIXIT · ET HOC · PATER · OMNIPOTENS · CUM pelleret Adam
DE TERRA · SVMPTVS · TERRAE · TRADERIS · HV mandus
SIC NOBIS SITA · FILIA · ET A · GAPE CHRISTI fidelis
BIS · DENOS · SEPTEM · Q · ANNOS . EMESA quiescit
HAEC · ILLI PER CHRISTVM FVERAT · SIC plena senectus.

EVCHARIS · EST MATER · PIVS · ET PATER EST mi
VOS PRECOR O FRATRES · ORARE · HVC QVANDO VENIti·
ET PRECIBVS · TOTIS · PATREM · NATVMQE ROGATIS
SIT · VESTRAE · MENTIS · AGAPES · CARAE · MEMINISSE
VT DEVS · OMNIPOTENS · AGAPEN IN SAECVLA · SERVET.

Die ältesten Inschriften der Priscilla-Katakombe bieten demnach nichts, was an *Idololatrie und Heidenthum* erinnert, wohl aber vieles, was specifisch christlich ist.

Es ist hier nicht der Ort, diesen Gegenstand in der angedeuteten Weise zu verfolgen; das Gesagte mag genügen, um zu zeigen, dass der von Hasenclever gegen die alten Christen erhobene Vorwurf, als hätten diese „in den ersten Jahrhunderten" auf ihren Grabschriften „völlig gedankenlos" Formeln aus der antiken Mythologie beibehalten, ganz unbegründet ist und in einer geringen Kenntniss der altchristlichen Epigraphik wurzelt.

[1] De Rossi, *Inscript. christ.* tom. II P. I p. XXX.
[2] C. I. L. VI, 11 252; man vergleiche auch die schöne Inschrift der Maritima S. 70 f., welche gleichfalls das Gegentheil von dem sagt, was wir auf einem heidnischen Epigramm lesen.

Zweiter Abschnitt.

Die einzelnen Bildwerke des altchristlichen Gräberschmucks (mit gelegentlicher Berücksichtigung der Forschungen Schultze's).

Wie in der Epigraphik, so spricht Hasenclever (S. 183 ff. 208 f.) auch auf dem Gebiete der sepulcralen Ornamentik den Christen alle Selbständigkeit ab. Es konnte auch nicht anders kommen: die gebildeteren Geister durften angenommenermassen bei der Schaffung des christlichen Bilderkreises nichts dreinreden; in Folge dessen waren die „handwerksmässigen Decorationsmaler" — von Künstlern kann nämlich nach Hasenclever keine Rede sein — natürlich ganz auf sich selbst angewiesen. Dass solche nichts Selbständiges leisten, sondern nur reproduciren konnten, bedarf keines Beweises. Bevor sie also an ihr Werk gingen, mussten sie — so verlangt es die Theorie Hasenclevers — eine Kunstwanderung durch die pagane Todtenstadt Roms machen, um die antike Sepulcralkunst kennen zu lernen. Dort sahen sie einfache, ornamentale Zeichen und Bilder oder mythologische Scenen: jene wurden von den christlichen Malern eine Zeit lang „gedankenlos als Ornament" weiter fortgesetzt, bis man „durch Reflexion" dazu kam, einen symbolischen Sinn damit zu verbinden; diese ersetzte man durch Darstellungen „aus dem Kreise der heiligen Geschichte." Unter den „mythologischen Scenen" waren sodann einige, die „sepulcrale", andere, die „nicht sepulcrale Beziehungen hatten; dieselbe Auswahl trafen auch die christlichen Maler. Dadurch war eine allgemeine Orientirung erreicht. — Die „antike Sepulcralkunst" bot aber noch mehr: sie lieferte in mehreren Fällen die ganze äussere Form (der schaftragende Hirt, Orpheus, Endymion, Fahrt des Helios), der man ohne alle Veränderung das betreffende christliche Sujet einfach nur anzupassen brauchte; manchmal bot sie Detailformen, aus denen vermöge der „Ideenassociation" durch Hinzufügung des einen oder des anderen fehlenden Stückes mit Leichtigkeit die christliche Scene sich gestaltete; in einigen andern Fällen endlich liess sie die christlichen Maler im Stich. Aber auch dieses findet Hasenclever „ganz natürlich"; denn „wollten die Christen mythologische Scenen des (heidnischen) Gräberschmucks durch biblische ersetzen, so musste von selbst ein Nachdenken und eine Ueberlegung erwachsen und man musste eben aus eigener Phantasie die Scenen componiren." „Bei dem reproductiven Charakter der ganzen zeitgenössischen Kunst wurde dann die Darstellung, die einmal beliebt geworden war, ohne weitere Reflexion wiederholt", „und das widerspricht einer planmässigen Leitung des christlichen Gräberschmuckes durch die kirchlichen Oberen ebenso sehr wie einer bewussten Niederlegung christlicher Lehren in den Figuren und Scenen dieser Ausschmückung¹." So denkt sich Hasenclever die Entstehung des altchristlich-sepulcralen Bilderkreises!

---

[1] S. 184 f., 208 f. Ueber die Anfänge der altchristlichen Kunst und ihr Verhältniss zur Antike hat de Rossi auf Grund der an den Monumenten gemachten Erfahrungen

Mit wenigen Worten lässt sich diese Theorie in einen circulus vitiosus von folgenden unbewiesenen Behauptungen kleiden: 1) die altchristlichen Künstler waren Handwerker: sie konnten nur reproduciren; 2) die Reproduction geschah bald zu Anfang „gedankenlos" und wurde es mit der Zeit durch die stete Wiederholung der „Formen"; 3) dieser Umstand schliesst zum vornherein nicht bloss „eine planmässige Leitung", sondern auch jeden Einfluss von Seiten der kirchlichen Obern auf die Gestaltung des „Gräberschmuckes" aus; 4) aber auch die andern gebildeteren Geister schliefen, indem sie die Ausschmückung ihrer Gräber ganz den Malern überliessen; diese waren aber Handwerker u. s. f.   So etwas nennt Hasenclever „geschichtliche Betrachtung der Monumente"! Wie wenig aber diese „Betrachtung" mit den christlichen Monumenten zu schaffen hat, wird ein näheres Eingehen auf die Hasenclever'sche „Beurtheilung der einzelnen Bildwerke" zeigen. „Die Reihenfolge, welche man dabei einschlägt, ist," wie Hasenclever sagt (S. 184), „an sich ziemlich gleichgültig"; wir brauchen uns demnach an diejenige, die er selbst gewählt hat, nicht zu halten und führen die „einzelnen Bildwerke" nach unserem Gutdünken auf.

§ 1. Orpheus.

Der Orpheus „ist auf Wandgemälden bisher dreimal nachgewiesen, zweimal in S. Domitilla und einmal in S. Callisto"[1]. „Gegen die traditionelle Auffassung dieses Bildes, dass in Orpheus die Gestalt Christi verhüllt dargestellt sei, zum Zeichen der Vereinigung aller Gegensätze im Reiche Gottes," tritt neben Schultze u. a. nun auch Hasenclever auf; denn „die zur Erklärung herbeigezogenen Stellen der Väter"[2] („bei Martigny dict. unter Orpheus") „geben" ihm „durchaus keinen Anlass, in den Gemälden des Orpheus eine verhüllte Darstellung der Person Christi zu sehen." Und doch wird in diesen Christus mit Orpheus verglichen, wird ausgeführt, „wie viel unwiderstehlicher (sic!) noch als der Gesang des Orpheus die Worte Christi seien;" ja auf der ältesten Darstellung (Ende des zweiten Jahrhunderts), dem Bilde in S. Callisto, „ist der Sänger nur von zwei Schafen umgeben und erinnert damit an die Gestalt des guten Hirten", ist ihr offenbar substituirt. Aehnlich auf dem ostiensischen Sarkophag des dritten Jahrhunderts, wo nur ein Widder und ein Vogel dem Sänger lauschen[3]. Mit Recht sagt daher

---

schon längst in seiner *Roma Sott.* (I, 196 sq., 313 sqq., 346; II, 351 sqq.) die richtigen Principien aufgestellt, welche in der deutschen *Roma Sott.* von Kraus (S. 216 ff.) weiter ausgeführt sind. Es mag daher genügen, auf diese beiden Werke hingewiesen zu haben.

[1] Zu diesen kommt als viertes Bild das in S. Priscilla kürzlich ausgegrabene hinzu; es stammt aus der ersten Zeit des Friedens. Hasenclever konnte es nicht kennen. Vergl. darüber meinen Bericht in der *Römischen Quartalschrift für christl. Alterthumskunde und für Kirchengeschichte*, Jahrg. 1888, S. 91.

[2] Hasenclever (ebenso Achelis) gebraucht den Ausdruck Kirchenvater gleichbedeutend mit Kirchenschriftsteller; wir erwähnen dieses, um etwaige Missverständnisse abzuwehren.

[3] Garrucci, *Storia della arte crist.* V, 307. n. 3; cfr. n. 4.

de Rossi: „È evidente il tentativo di ridurre il tipo del classico Orfeo ad una foggia direttamente alludente alla personificazione di Cristo avuta in mira nel simbolismo cristiano."[1]

Bei seiner „unbefangenen, geschichtlichen Betrachtung der Monumente", kann Hasenclever nicht umhin, uns mit „einem äusseren Anlass, der vielleicht die christlichen Orpheusbilder hervorrief", bekannt zu machen; „sie sind", sagt er, „im ganzen ja selten und kommen als Gemälde alle drei nur an hervorragendem Platze vor, nämlich in Cubicula. Es ist möglich, ja wahrscheinlich" (warum nicht bald sicher?), „dass letztere angelegt waren von und für reichere oder vornehmere Gemeindeglieder, welche vorher Mitglieder der orphischen Mysterien waren (!). Was sie, Christen geworden, von Orpheus erfuhren, konnte ihnen leicht Veranlassung geben, seine Gestalt zwischen biblischen Figuren und Scenen zum Schmucke ihrer Grabstätten anzuwenden" — und ein concreter Zusammenhang der christlichen Orpheusbilder mit dem Heidenthum ist fertig! Solche Ahnungen verdienen keine ernste Würdigung.

§ 2. Die Personificationen.

„Personificationen finden sich auf den Grabgemälden im ganzen selten. Wir sehen ... den Sonnengott sowohl auf dem Wagen wie als Kopf mit Strahlennimbus in Jonasscenen, die Erde als ein auf den Boden hingestrecktes Weib mit dem Füllhorn, die Jahreszeiten als Figuren von Erwachsenen oder Kindern mit den entsprechenden Arbeiten beschäftigt. Alle diese Darstellungen haben ihre Parallelen in der antiken Kunst" (S. 188). Für den Sonnengott citirt Hasenclever „Aringhi I, S. 311; Bottari II, t. 65; Garrucci 27. 56. 5. Auch auf Lampen cf. Bartoli luc. III, t. 29."

Die Lampen — es kann sich nur um eine handeln — haben hier nichts zu thun, da sie keine Grabgemälde enthalten; bei Garrucci XXVII und Bottari II, 65 ist die Sonne (nicht „Sonnengott") durch einen Kopf angedeutet, von welchem auf den ruhenden Jonas (jetzt zerstört) belästigende Strahlen ausgehen, und auf der tav. LVI, 5 sehen wir eine ganz ungenau reproducirte Himmelfahrt Eliae; Aringhi (I, 311) endlich bietet nur vier Jonasscenen aus der Crypta der Bäcker in S. Domitilla. So schrumpft die Personification des „Sonnengottes" trotz der vielen Citate zu einer einzigen, einfachen Darstellung der Sonne zusammen, die den Propheten nicht schlafen liess. Aber gesetzt auch, die künftigen Ausgrabungen brächten beispielsweise Fresken mit Scenen aus der Geschichte des Propheten Jonas an den Tag, unter denen sich eine Personification der Sonne befände, so brauchten wir uns darüber gar nicht zu verwundern: solche und ähnliche Personificationen waren allgemein verständliche Bestandtheile der Kunstsprache, mit der die christlichen Künstler, soweit es nothwendig war, rechnen mussten, wenn sie verstanden werden wollten.

---
[1] De Rossi, Roma Sott. II, 350.

Noch kläglicher ist es um die Personification der Erde bestellt, denn diese kommt auf Grabgemälden nie vor; deshalb musste sie sich Hasenclever, um die „Parallelen der antiken Kunst" zu vermehren, von den Sarkophagen des vierten und fünften Jahrhunderts leihen.

Auch über den Jahreszeiten schwebt ein eigenes Verhängniss: de Rossi gedenkt auf S. 330 des zweiten Bandes seiner Roma Sott. mit keiner Silbe der Jahreszeiten, und Kraus wird bei der Deutung des Deckengemäldes in der Crypta quadrata des hl. Januarius „von dem Symbol des Winters" keineswegs „im Stiche gelassen", da dort nicht „der Lorbeer", sondern Oliven gemalt sind, die bekanntlich den Winter versinnbilden.

§ 3. Andere „zur Decoration" gehörige Zeichen und Bilder.

An die Jahreszeiten reiht Hasenclever im bunten Durcheinander andere zur „Decoration" gehörige Zeichen und Bilder, die „in der antiken Kunst ihre Paralellen haben." „Wer den antiken Gräberschmuck kennt," sagt er S. 189, „und dann die Katakomben besucht oder" — was viel bequemer ist — „etwa das Werk Garrucci's durchsieht, wird überrascht sein, wie viel Uebereinstimmung er hier findet . . . Wir sehen die Decken der Cubicula wie die Bögen der Arcosolien architektonisch durch Linien, Blumen- und Fruchtschnüre gegliedert; wir sehen in grosser Mannigfaltigkeit Blumen und Rebgewinde . . . mit und ohne traubenlesende Genien, dazu Mohn- und Granatäpfel; wir sehen dazwischen Tauben, Pfauen und andere Vögel . . . dazu Steinböcke, Ziegen und Panther; endlich Schalen oder Vasen mit Blumen und Früchten, Masken und Köpfe, Nereiden, Seepferdchen und Delphine. Eine unbefangene Betrachtung wird in dem allem nichts als Decoration sehen, manches, wie die Thiere aus dem bacchischen Kreis, Mohn- und Granatäpfel, hatte in der antiken Welt seine sepulcralen Beziehungen. Wie hätten aber die Christen mit bewusster Absicht auf Symbolik diese Dinge an ihren Gräbern anbringen können? Man denke doch: das Symbol eines ewigen hoffnungslosen Todesschlafs oder die Darstellung bacchischer Freuden auf christlichen Gräbern! Diese Dinge zeugen von einer reflexionslosen Fortsetzung dessen, was man bisher gewohnt war. Was hat man aber in die andern Gegenstände dieser Ornamentik alles hinein geheimnisst!" u. s. f.

Aus diesem Wortschwall müssen wir einige Bilder streichen, da sie „auf christlichen Gräbern" der Katakomben Roms nicht vorkommen, nämlich: die Nereiden, Panther, Steinböcke, Mohn und Granatäpfel. Es bleiben demnach nur die Linien, Blumen- und Fruchtschnüre, ferner Rebgewinde, allerlei Vögel, Vasen u. s. w. — also im schlimmsten Falle alles Bestandtheile einer unschuldigen Ornamentik; zu einem Gedanken „an bacchische Freuden" oder „einen ewigen hoffnungslosen Todesschlaf" liegt ausserhalb der Phantasie Hasenclevers keine Veranlassung vor.

§ 4. Der Delphin.

Mit Recht verwirft Hasenclever die symbolischen Bedeutungen, die Münz in der *Real-Encyklopädie* von Kraus (I, 351 ff.) dem Delphin beilegt, von denen keine einzige irgendwelche Wahrscheinlichkeit für sich hat [1]; Hasenclever nennt sie (S. 195) „Künsteleien", für welche „jeder Anhaltspunkt fehlt". „Dasselbe gilt", lesen wir unmittelbar darauf, „von der Ansicht de Rossi's, welcher in dem Delphin ein Symbol Christi sehen will; er meinte, in einem im Grabe des Bischofs Ademar von Angoulême gefundenen Onyx, auf welchen (sic!) ein um den Dreizack sich windender Delphin nebst einem Fisch abgebildet ist, die älteste Darstellung dieser Art zu erkennen. Es ist aber sehr fraglich, ob der Stein ein Werk christlicher Hände ist, er kann ebenso gut eine antike Arbeit sein und würde dann nur eine Beziehung auf das Seeleben erhalten" (cfr. Bullet. 1870, S. 42, tav. IV, 6).

Hasenclever scheint die citirte Abhandlung de Rossi's über den Ring sehr flüchtig gelesen zu haben; denn 1) de Rossi nennt diesen Ring nicht „die älteste Darstellung" des Delphins, sondern „monumento vetustissimo" und „monumento antichissimo del delfino simbolo di Cristo" [2], zu deutsch: ein sehr altes Denkmal u. s. w., welches durch den classischen Stil seiner Arbeit an eine gute Zeit der antiken Kunst erinnere und nicht leicht „ad età posteriore all' ultimo fiorire delle arti sotto gli Antonini" (S. 62. 64. 72) verwiesen werden könne; 2) die Frage, „ob der Stein ein Werk christlicher Hände" sei oder nicht, hat sich auch de Rossi vorgelegt und, was noch mehr ist, zur Genüge erörtert; 3) de Rossi „will" „in dem Delphin ein Symbol Christi" nicht bloss „sehen", sondern er giebt dafür auch den Grund an [3], der jedem ernsten Forscher genügt.

§ 5. Der Hahn.

Für „die Figur des Ochsen", sowie „für den Adler", „das Lamm" und „die Figur des Hahns" verweisen wir Hasenclever auf unsere *Beiträge zur Real-Encyklopädie* von Kraus in der (Innsbrucker) „Zeitschrift für katholische Theologie" 1888 S. 166. 167. 170. 172 f. Von der letzten Darstellung schreibt Hasenclever (S. 200 f.): „die Figur des Hahns ist bis jetzt unter den Wandmalereien nur vereinzelt nachgewiesen, dagegen auf Grabplatten als Zeichnung oder Mosaik öfter und zwar sind es hier fast durchweg Kampfhähne. Auch auf einem im Garten der Villa Ludovisi stehenden Sarkophage ist ein Hahnenkampf abgebildet, während das Thier sonst auf Sarkophagen ziemlich häufig in der Scene der Verläugnung Petri vorkommt, meist zu den Füssen des Apostels

---

[1] Die Beweise für diese Behauptung werden wir, wenn es nothwendig sein sollte, bei einer anderen Gelegenheit bringen.
[2] Was Hasenclever will, würde: la più vetusta oder antica rappresentazione di questo genero ... lauten.
[3] Vergl. S. 62 f.

stehend, zuweilen aber auch auf einer Säule sitzend, letzteres offenbar Nachahmung antiker Bilder, denn die Säule mit dem Hahn findet sich genau so auf pompejanischen Wandgemälden. So auch auf einem Wandgemälde in S. Ciriaca (Garr. t. 50, 2), welches jedoch erst dem vierten Jahrhundert angehört."

Der Hahn figurirt auf den christlichen Monumenten fast nur als Attribut des Apostelfürsten; die „Säule mit dem Hahn" kommt viermal vor: auf dem Gemälde in S. Ciriaca — und das ist die einzige „Wandmalerei" mit dem Hahn — auf zwei Sarkophagen und der Elfenbeinkiste aus Brescia[1]; alle diese Monumente stammen aus der nachconstantinischen Zeit, wo von einer directen „Nachahmung antiker Bilder", zumal der damals verschütteten „pompejanischen Wandgemälde" nicht mehr die Rede sein kann. — Dass der Hahn „auf Grabplatten als Zeichnung oder Mosaik öfter" und zwar „fast durchweg" als „Kampfhahn" nachgewiesen ist, behauptet Hasenclever, ohne auch nur ein einziges Beispiel anzuführen. Im besten Falle hat er an vier Monumente gedacht: zwei jetzt nicht mehr existirende Epitaphien, ein Mosaikfragment des lateranensischen Museums und ein Reliefbild aus S. Agnese[2]. Auf den beiden Epitaphien macht der Hahn die friedlichste Miene von der Welt, auf dem Mosaik, das wohl als Schmuck in den Katakomben angebracht war, kann man ihm eine feindliche Absicht beilegen, das Reliefbild mit den Kampfhähnen diente aber nicht als „Grabplatte" sondern ist einem Sarkophage entnommen, wie Aringhi mit klaren Worten angibt: „symbolicae autem imaginis iconem (scil. duorum Gallorum) o lapide excerptam hic tibi ultro contemplandam offerimus."[3] So existiren die „Kampfhähne" der „Grabplatten" nur in der Phantasie Hasenclevers.

§ 6. Das Lamm.

„Ganz gewiss haben die Christen" „die Gestalten von Schaf und Lamm", „zunächst nur decorativ gebraucht. Die ältesten Darstellungen, wie jene zwei Lämmer in S. Lucina, zwischen welchen auf einem Steine ein Eimer oder Topf steht, oder die Lämmer auf landschaftlichem Hintergrund in einigen Feldern des mehrfach erwähnten Orpheus-Deckengemäldes in Domitilla, sind einfache der antiken Kunst entlehnte Ornamentstücke" (S. 196 f.).

Weder die eine noch die andere dieser Darstellungen beweist etwas für die Hypothese Hasenclevers; denn das „Orpheus-Deckengemälde" stammt frühestens aus der ersten Hälfte des dritten Jahrhunderts und die „zwei Lämmer

---

[1] Garrucci II, 50 n. 2; V, 319 n. 4, 323 n. 5; VI, 441.
[2] Boldetti, *Osservazioni sopra i cimiteri* p. 360; Aringhi, *Roma Subterr.* II, p. 320; Martigny *Dictionnaire des antiquités chrétiennes* p. 206 u. a. m.; Aringhi l. c.; Garrucci V, 402 n. 4, Coll. 361 n. 1.
[3] Die beiden geflügelten Putten, welche den Hahnenkampf inseniren, hält Aringhi für zwei Engel; die Hähne seien da: „ad innuendum videlicet omnimodae ... vigilantiae symbolum, quo defunctus, qui intra sepulcralem urnam recluditur, adhuc vivens praefulsit"!

in S. Lucina" sind ausser allem Zweifel symbolisch[1]; dazu sehen wir in der gleichen Kammer an der Decke das Lamm in Verbindung mit dem guten Hirten. Uebrigens zerstört Hasenclever selbst seine Ansicht durch eine Bemerkung, die er bald darauf folgen lässt: „Das Nächste war aber nach Ausweis der Monumente nicht das Opferlamm, das Christum darstellt, sondern eine symbolische Auffassung der Figur knüpft offenbar an die Gestalt des guten Hirten an." Dieser ist aber bekanntlich eines der ältesten Symbole: also hatte das Lamm schon bei seinem ersten Auftreten eine symbolische Bedeutung. — „Wenn letzterer der Retter ist," führt Hasenclever in nicht gerade mustergiltigem Deutsch fort, „so das Lamm von selbst der Gerettete und in dieser Bedeutung, nicht als Symbol der Unschuld, ist ganz gewiss, weil es das Einfachste und Natürlichste ist, zuerst eine symbolische Auffassung der Lammesgestalt erfolgt. Das stimmt ja auch allein mit dem, was ... Tertullian über die auf Kelchen angebrachten Bilder des guten Hirten ausführt: mochte der gelehrte theologische Beschauer die subtile Frage aufwerfen, ob mit dem Lamm der zum Christenthum gerettete Heide oder der abgefallene und wiederbekehrte Sünder gemeint sei — für das christliche Volk war das Lamm bei dem guten Hirten von selbst die gerettete Menschenseele." Hasenclever vergisst hier also für einen Augenblick auf seine „Gedankenlosigkeit" der ersten Christen und unterscheidet zwischen „gelehrten theologischen Beschauern" und dem „Volke"; diese Unterscheidung mag manchmal gerechtfertigt sein, hier ist sie sehr überflüssig; denn der Sinn der biblischen Parabel vom guten Hirten ist so einfach und bestimmt, dass er sich auch den Ungebildeten aufdrängen musste.

§ 7. Die Taube.

In der symbolischen Bedeutung der Taube[2] stimmt Hasenclever in der Hauptsache mit Schultze überein. „Wir finden" (Worte Hasenclevers S. 192) „hauptsächlich auf Grabplatten die fliegende Taube[3] mit dem Zweige im Schnabel, unzweifelhaft eine Erinnerung an die Friedenstaube Noahs, eine bildliche Darstellung des Gedankens der einfachsten und doch beredtesten christ-

---

[1] In der Anmerkung (1) sagt Hasenclever: „Es ist mir unbegreiflich, wie man diese Erhöhung, auf welcher das Gefäss steht, für einen Altar ansehen und behaupten mag: è manifesto l'ara del vaso eucaristico essere qui sostituita nel luogo del pastore, che è Cristo; è quest' era è l'altare della mistica oblazione, nella quale non il pane e il vino, ma la carne e il sangue del pastore medesimo sono offerti e distribuiti ai fedeli in cibo e bevanda (de Rossi, Roma Sott. I, S. 319)." Wir zweifeln keinen Augenblick an dem subjectiven Ernst dieser Aussage Hasenclevers, sind aber auch der festen Ansicht, dass Phrasen die Beweise de Rossi's nicht aus der Welt schaffen können.

[2] Vergl. S 70 f., wo wir die symbolische Bedeutung der Taube erörtern.

[3] Hasenclever behauptet hier das Gegentheil von dem, was die Monumente uns zeigen: auf den Grabplatten ist nämlich die fliegende Taube die seltenere, die ruhende dagegen die gewöhnliche Darstellung. Bei den (circa) 100 Bildern der Taube in den Tafeln der drei Bände der Roma Sott. ist das Verhältniss der fliegenden zur ruhenden Taube wie 1 : 4. Hasenclever scheint die Gemälde im Auge zu haben.

lichen Grabschrift: in pace." Diesen Sinn habe auch die Taube allein: „Aber auch wo der Zweig oder das Blatt im Schnabel fehlt, bleibt die Symbolik doch dieselbe, nach der Regel der Abkürzung in künstlerischen und besonders symbolischen Darstellungen."[1] Hasenclever begnügt sich nicht mit dieser Bedeutung: „Möglicherweise ... kann zuweilen auch der Gedanke an die Taubenreinheit mit hineingespielt haben" ..., nur dürfe man sich nicht an den Ausdruck palumbulus sine felle berufen. Ja er findet auch die Ansicht „Aringhi's (R. s. I, S. 180), Martigny's (Dict. unter Colombe) und Münters (Sinnbilder, S. 108)," welche „in dem Taubenpaar auch ein Symbol der ehelichen Liebe und Treue erblicken zu müssen" „meinen", „gar nicht so ungerechtfertigt"; denn „in der antiken Kunst ist die Taube der Vogel der Liebesgöttin und findet sich häufig auf Grabsteinen von Ehegatten" — und Frau Venus war bekanntlich ein Muster „ehelicher Liebe und Treue"! Demnach kommt Hasenclevers Warnung, „sich auch hier vor willkürlichen symbolischen Spielereien zu hüten", für ihn selbst zu spät. „Die symbolischen Beziehungen der Taube" — damit begründet Hasenclever diese Warnung — „waren den Christen aus der Bibel so geläufig, dass sie wahrlich nicht zu entlegenen[2] Deutungen zu greifen brauchten. Sie haben ihren nüchternen[3] Sinn darin gezeigt, dass sie wesentlich nur diejenige symbolische Beziehung hier ausdrückten, die an Gräbern die natürlichste und nächstliegendste war, die Taube als Sinnbild des Friedens. Hier haben wir ein wirklich christliches Symbol."

Ueber die Schule, welche die Taube durchzumachen hatte, bis sie als selbständiges Symbol auftreten durfte, gehen die Ansichten Hasenclevers und Schultze's schnurstracks auseinander. Dieser schreibt (*Katakomben* S. 121): „Ebenfalls dem biblischen Kreise entstammt die Taube. Dieselbe gehört ursprünglich der Arche Noahs, löst sich aber schon frühzeitig von derselben ab, ohne jedoch ihre Bedeutung als eines Sinnbildes des Friedens, in dessen Besitze der Todte gedacht wird, aufzugeben. Nicht selten freilich schwächt sich dieser Inhalt in dem Grade ab, dass die Taube rein ornamental verwendet wird. So erscheint sie besonders auf den Deckengemälden." Nach Hasenclever war die Taube ursprünglich ein „aus dem antiken Gräberschmuck" herübergenommenes Ornament, wurde dann „durch Ideenassociation" Symbol und trat schliesslich in die Dienste der Arche Noahs. „Uns scheint", schreibt er S. 218, „die Entstehung" der Noahbilder „durch die Deutung der Taube als Sinnbild des Friedens hervorgegangen zu sein, und wir kehren die Behauptung Schultze's, dass die Taube sich loslösend von den Noahbildern zum Sinnbilde des Friedens ward, vielmehr um und sagen, dass die Taube, welche

---

[1] Diese „Regel" wird uns noch manches Heitere vorführen.
[2] Hasenclever richtet sich hier gegen Kraus, welcher (wie wir S. 82) in den an Trauben pickenden Tauben eine Anspielung an die ewige Seligkeit sieht, und gegen Martigny's und Garrucci's Interpretation eines Sardonyx mit der Umschrift: veni si amas.
[3] Man merke sich dieses Lob der ersten Christen gegenüber den endlosen Anklagen Hasenclevers auf „völlige Gedankenlosigkeit".

aus einem einfachen Ornament zum Sinnbilde wurde, die Gedanken wachrief an jene biblische Erzählung, wo sie zuerst als Friedensverkündigerin vorkommt. Es ist ja doch kein Zweifel, dass der Künstler nicht einen historischen Vorgang schaffen, sondern nur ein ganz bestimmtes Moment aus jener Erzählung hervorheben wollte, und das ist augenscheinlich kein anderes als das Zufliegen und Aufnehmen der Taube mit dem Oelzweige im Schnabel."

Hasenclever vergisst aber, dass die Darstellung der Arche Noahs mit der Taube in dem Hypogaeum der Flavier zu den ältesten Katakombenbildern gehört und von den Archäologen in das erste Jahrhundert zurückdatirt wird; nicht viel jünger ist sodann das Bild der Taufe Christi in der Lucinacrypta, auf dem der Heilige Geist durch die Taube versinnbildet ist. So wurzelt Hasenclevers „unbefangene geschichtliche Betrachtung der Monumente" auch hier mehr in seiner Phantasie als in einer gründlichen Kenntniss der christlichen Denkmäler.

§ 8. Der Fisch.

Eine von der Taube ganz verschiedene Laufbahn hat das Symbol des Fisches[1] zurückgelegt. „Ich glaube," schreibt Hasenclever S. 232, „dass der Fisch . . . in nichts anderem seinen Ursprung hat als in der Geschichte von der Speisung der Tausende mit den wenigen Broden und Fischen, eine Geschichte, welche unzweifelhaft die antiken Todtenmahle, wie sie an den Gräbern abgebildet waren, umgeändert hat . . . Die Speisung, die man in denselben vor sich sah, erinnerte die Christen ganz unwillkürlich (!) an diejenige Speisung, welche durch Christum erfolgte. Da konnte einer leicht auf den Gedanken kommen, durch Beisetzung der Körbe mit Broden und den zwei Fischen dieser Darstellung die Bedeutung des Mahles der wunderbaren Speisung zu verleihen", wie wir sie „in den vier Gemälden der Mahlzeiten in den sogen. Sacramentskapellen" vor uns haben. Damit waren die christianisirten Mahlbilder der antiken Kunst in ihrem ersten Stadium angelangt; von da ab erfolgte eine allmähliche Verkürzung derselben, bis im letzten Stadium nur der Fisch allein übrig blieb. „Wir haben aber dann ferner", sagt Hasenclever, „eine ganze Anzahl Darstellungen, die als nichts anderes denn als abgekürzte Darstellungen des Speisungswunders erscheinen. So ein Bild auf einem Arcosolium" (verbess.: in einer Lunette an der Decke einer Kammer) „in S. Callisto, wo wir das dreifüssige Tischchen sehen mit einigen Broden und zwei Fischen" (verbess.: einem Fische), „daneben stehen sieben Körbe mit Broden (Garr. t. VII, 3; Becker S. 110). So die fünf Brode und zwei Fische . . . auf einer Grabplatte von der Katakombe des Hermes in Rom, sowie auf einer solchen in Modena . . . Bei einer Grabinschrift aus S. Lucina sieht man zwei Fische und darüber zwei Brode, in zwei andern Bildern derselben Katakombe trägt der Fisch den Korb mit den Broden auf dem Rücken. — Die Darstellung ist individuell verschieden aufgefasst, aber der Gegenstand ist immer derselbe,

---

[1] Diesem Symbol ist fast der ganze zweite Theil unserer Arbeit gewidmet.

Fische und Brode, eine abgekürzte Darstellung des Speisungswunders. Ist es zu verwundern, wenn dann auch einmal die Brode weggelassen werden und der Fisch allein übrig bleibt, zumal gewiss dann oft auch die Beisetzung eines einmal beliebt gewordenen Bildwerkes in gedankenloser gewohnheitsmässiger Weise erfolgte?" — Diese Theorie der Abkürzung führt uns aber zu der archäologischen Ungeheuerlichkeit, dass die beiden Fische in S. Lucina, welche spätestens aus dem Anfang des zweiten Jahrhunderts stammen, jünger sind als die Mahlscenen der sogen. Sacramentskapellen aus dem letzten Decennium des zweiten und der ersten Hälfte des dritten Jahrhunderts; ferner müsste auch das von Hasenclever nicht erwähnte Mahl aus dem Hypogaeum der Flavier, das sicher noch dem ersten Jahrhundert angehört, im Alter nach den Sacramentskapellen rangiren. Noch mehr. Da die „individuelle Verschiedenheit" keine Grenzen hat, so könnte man fast mit dem gleichen Rechte „glauben", dass auch der Anker „in der Geschichte von der Speisung der Tausende mit den wenigen Broden und Fischen" „seinen Ursprung hat". Es existiren allerdings nur Monumente aus der letzten Zeit seiner nach „der Regel der Verkürzung" erfolgten Entwicklung, doch fällt ein solcher Umstand bei Hypothesen dieser Art nicht zu schwer in die Wagschale. Nach Ergänzung der fehlenden wäre demnach die Reihe der „Verkürzungen" mit einem Travertincippus des lateranensischen Museums (unsere Taf. I, 5) zu eröffnen, auf dem wir einen Anker, einen Fisch und ein Brod erblicken; dann käme entweder die stattliche Anzahl der Inschriften mit zwei, bezw. einem Anker und ebenso viel Fischen, oder eine jüngst in der Priscilla-Katakombe ausgegrabene Sarkophaginschrift, welche einen Anker und fünf Brode bietet[1]; schliesslich wären alle diejenigen Monumente zu erwähnen, auf welchen Fische und Brode „weggelassen" wurden und der Anker „allein übrig geblieben ist"!

Wie bei den „Einzelfiguren", so hat nach Hasenclever „die Ideenassociation" auch bei der Darstellung der „biblischen Scenen" „gearbeitet". Man kann aber diese „Ideenassociation" im allgemeinen von Parteilichkeit nicht freisprechen, denn einige Scenen machte sie bei den Christen in hohem Grade beliebt, andere wurden kaum zugelassen und erst nachdem anderthalb Jahrhunderte verflossen waren (Elias, Job, Sündenfall, Moses, der sich die Schuhe löst, David mit der Schleuder u. a. m.). Doch dieses nur nebenbei. Untersuchen wir weiter, wie die „Ideenassociation" gearbeitet haben soll.

§ 9. Der gute Hirt.

„Sehr einfach", meint Hasenclever (S. 209), „liegt unseres Erachtens die Sache bei dem ... Bilde" des guten Hirten. „Wenn Schultze (Kat. S. 113) behauptet, es fehle jeder Grund, den guten Hirten anders als eine durch die christliche Kunst selbständig geschaffene Figur vorzustellen, so muss ich vielmehr sagen: die Christen brauchten diese Figur überhaupt gar nicht zu schaffen,

---

[1] Vergl. *Römische Quartalschrift* 1888, S. 91.

denn sie war längst da ... Solche Hirtenscenen" (es handelt sich nur um Eine) „wie in den Nasonengräbern und anderwärts" (wo?) „könnten ebensogut in den christlichen Katakomben, Bilder der letzteren ebenso gut in den heidnischen Gräbern sich finden. Wie man häufig ohne jedes weitere Nachdenken einfach die gewohnte Decoration an den Grabwänden anbrachte, zeigt der Umstand, dass der Hirte zuweilen statt des Lammes ein Böcklein auf den Schultern trägt. Das hätte doch unmöglich (!) sein können, hätte man diese Figur erst aus dem eigenen christlichen Gedankenkreise heraus geschaffen. Sie war längst da, aber liegt es so ferne, wenn bei ihrem Anblick die Christen an den guten Hirten der Bibel dachten, wenn ihnen das Gleichniss vom verlorenen Schaf in den Sinn kam?"

Keineswegs lag es so ferne! Der Gedanke an die Parabel vom guten Hirten lag im Gegentheil so nahe, dass die christlichen Künstler nicht erst in „die Nasonengräber und anderwärts" zu gehen brauchten, um dort durch den Anblick der Hirtenscenen daran erinnert zu werden. In der Bibel ist auch die äussere Form des Bildes genau vorgezeichnet: ein Hirt, der ein Schaf auf den Schultern trägt! Eine so einfache Composition konnte doch gewiss auch ein ganz mittelmässiger „Decorationsmaler" selbständig ausführen, ohne die Antike zu Hilfe zu rufen. Da nun Hirt wie Schaf für Christen wie für Heiden dasselbe Aussehen hatten, so konnte die christliche Darstellung des „ein Schaf tragenden Hirten" unmöglich der gleichen heidnischen nicht ähnlich sein. Und doch giebt es Merkmale, die diese von jenen unterscheiden: die heidnischen Hirten sind fast immer[1] ganz nackt und tanzend dargestellt, während der gute Hirt stets bekleidet ist und gewöhnlich ausschreitet oder ruhig dasteht. Wir dürfen also das Bild des guten Hirten getrost als eine selbständige Schöpfung der christlichen Kunst betrachten. — Sehr instructiv sind für diese Frage die noch nicht veröffentlichten Malereien eines Cubiculums der Domitilla-Katakombe, das am Fusse der grossen Treppe liegt und wohl noch der ersten Hälfte des zweiten Jahrhunderts angehört. Daselbst sehen wir unter den decorativen Darstellungen nackte, tanzende Putten, die in den Händen allerlei Insignien des Hirtenlebens halten; einer von ihnen trägt ein Schaf auf den Schultern. Im Centrum der Decke und in den Bögen beider Arcosolien befindet sich der gute Hirt; er ist mit der Exomis bekleidet und trägt das wiedergefundene Schäflein auf seinen Schultern zur Heerde zurück; zwei Schafe stehen zu seinen Füssen und blicken zu ihm empor. Da haben wir also eine Copie aus der antiken Kunst und die christliche Schöpfung des nämlichen Sujets in der gleichen Crypta vereinigt: diese befindet sich als symbolische Darstellung an den hervorragenden Plätzen der Kammer, jene figurirt als bedeutungsloses Ornament.

---

[1] Man kennt nur ein einziges heidnisches Grabgemälde, auf welchem ein Hirt dem *guten Hirten* gleicht; dass aber dieses den christlichen Darstellungen zum Vorbild gereichte, ist mehr als unwahrscheinlich. Vergl. Bellori, *Picturae antiquae* tab. III n. 6.

§ 10. Die Auferweckung des Lazarus.

„In der stereotyp gewordenen Darstellung der aus selbstverständlichen Gründen an Gräbern beliebt gewordenen Auferweckung des Lazarus ist das Grabhaus nicht als die Felsenhöhle der evangelischen Erzählung gebildet, sondern als freistehendes, tempelartiges ... Grabgebäude, ohne Zweifel die Nachahmung zahlreicher (?) Abbildungen auf griechischen und römischen Grabsteinen. Haben die Christen diese Uebung weiter fortgesetzt, so war die Beziehung auf das Grab des Lazarus leicht gegeben, denn bei keinem anderen der Totenerweckungswunder hat Jesus den Verstorbenen aus dem Grabe hervorgeführt" (S. 211).

Den letzten Gedanken scheint Hasenclever, um mit Achelis zu reden, „nicht zu Ende gedacht" zu haben, deswegen ist sein Ausdruck auch etwas „schief" und unklar. Glaubt er, dass die Christen jenes „Grabgebäude der griechischen und römischen Grabsteine" zur „Uebung" oder als „Ornament" an ihren Gräbern „weiter fortgesetzt" haben — wofür kein einziges Monument herangezogen werden kann — oder ist er der Meinung, dass die Christen die ganze übliche Lazarusgruppe, ohne es zu wissen, „gedankenlos" darstellten und sich dessen erst später, nachdem die „Ideenassociation" ihre Schuldigkeit gethan, bewusst wurden? Anstatt den ersten Christen beständig „Gedankenlosigkeit" vorzuwerfen, sollte doch Hasenclever zunächst sich selbst vor solchen Vergehen bewahren!

§ 11. Die Jonasbilder.

Bei den Bildern der „Jonasgeschichte", deren „wunderhafte Bestandtheile" nach Hasenclever (S. 212 f.) vielleicht auf „einer uralten Lokalsage, die mit der griechischen der Andromeda identisch ist", beruhen, „konnten die christlichen Künstler ... leicht an antike Darstellungen anknüpfen". Für den grossen Fisch, der den Propheten verschlang, lieferten eine reiche Auswahl von Mustern die *Seeungeheuer,* die in verschiedenen Mythen eine Rolle spielen, und für die Gestalt des unter der Kürbisstaude ruhenden Jonas bot sich „der schlafende Endymion" dar, auf welchen schon „Schultze (Arch. Stud., S. 81) treffend hingewiesen" habe. „Die Aehnlichkeit", bemerkt Hasenclever, „ist in der That unverkennbar, und auch die verhältnissmässig treffliche Ausführung des nackten Jonaskörpers, welche sich vortheilhaft vor den sonstigen Werken der altchristlichen Kunst auszeichnet, führt auf antike Vorbilder hin. Was jedoch Schultze weiter ausführt von der Entwicklung und Ausbildung dieser Jonasscenen und von der Bedeutung des ruhenden Jonas — dessen Gesicht sogar ‚den Ausdruck milder Heiterkeit und hinträumender Selbstzufriedenheit' zeigen soll — scheint mir doch gar zu sehr gekünstelt und gedeutet und ein Product der Phantasie. Letztere hat ja" (Hasenclever redet aus eigener Erfahrung!) „da einen weiten Spielraum."

Nicht bloss die „milde Heiterkeit" und „hinträumende Selbstzufriedenheit", sondern auch die „verhältnissmässig treffliche Ausführung des nackten Jonaskörpers" ist „ein Product der Phantasie"; denn dieser „zeichnet sich" auf den Originalien in nichts „vor den sonstigen Werken der altchristlichen Kunst" aus. Dass ferner der schlafende Jonas dem schlafenden Endymion wie ein Ei dem andern gleicht, ist auch nicht zu verwundern, da die christlichen Künstler eine schlafende Figur nicht gut anders als schlafend darstellen konnten: also liegend, und nicht etwa in lothrechter Stellung, wie sie beispielsweise einen Anker in die Grabplatte einritzten. Um Hasenclever zu befriedigen, hätten die Christen, wie schon einmal gesagt wurde, ihre menschliche Natur abwerfen müssen[1].

§ 12. Die Darstellungen des Sündenfalles im Paradiese.

„Dogmatisch lehrhafte Beziehungen", so Hasenclever auf S. 217, „werden von der traditionellen römischen Auslegung" auch den Abbildungen des Sündenfalles „beigelegt". „Aber das ist ebenso verkehrt, wie wenn Schultze dieselben in die Schablone sepuleraler Beziehungen einpressen will, wo dann Gedanken durch die Bilder ausgedrückt sein sollen, die noch viel ferner liegen." Ergötzlich ist, wie Hasenclever auch für diese Gruppe Vorbilder in der Antike findet: „Ist die Möglichkeit zuzugeben, dass Gedanken, die der Gemeinde aus der Heiligen Schrift und damit auch durch Predigt und Unterricht geläufig waren, dazu beitrugen, diese Darstellung in der Reihe der Gegenstände des Gräberschmucks zu befestigen, — hervorgerufen wurde sie unseres Erachtens viel eher durch eine Uebersetzung des antiken Gräberschmucks in das Christliche. Die Schlange spielt als Agathodämon im häuslichen Cult des Alterthums eine grosse Rolle und findet sich infolge dessen ... auch auf Grabsteinen. Die um den Baum gewundene Schlange sehen wir auf Darstellungen des Abschieds, auf solchen des Endymion, des Jason und des Hesperidenbaumes. Solche Darstellungen des antiken Sepulcralschmucks mussten daher unwillkürlich (!) an die Schlange erinnern, die in der Erlösungsgeschichte so bedeutungsvoll ward, an die Schlange der Erzählung vom Sündenfall. Zur Darstellung der Erzählung vom Sündenfall brauchte die Phantasie des Künstlers nur die Gestalten des ersten Menschenpaares beizusetzen, und zu deren Bildung als nackter Gestalten bedurfte es auch keines neuen künstlerischen Schaffens, dafür bot die antike Kunst der Vorbilder die Fülle. So erklärt sich die Aufnahme des Sündenfalls in den altchristlichen Bilderkreis; sepulcrale Beziehungen sind darin nur durch ge-

---

[1] Auch für den „auf einem Felsen sitzenden Jonas" hält Hasenclever „Vorbilder auf antiken Adonissarkophagen" bereit, indem er auf „Matz und Duhn Nr. 2216. 2218. V" verweist. Mit diesen Nummern sind zwei Fragmente gemeint, von denen das eine in der Vigna Codini, das andere in S. Sebastiano sich befindet; auf jenem sitzt Adonis „in schlaffer Haltung" rechts von Aphrodite auf einem Felsen; auf diesem „steht Adonis in Chlamys, nach hinten, unklar wie, angelehnt". Das sollen also die „Vorbilder" für den sitzenden Jonas gewesen sein! In dem Zeichen V des Hasencleverschen Citates dürfen wir wohl eine gedankenlos angebrachte „Verkürzung" des Wortes Vigna erblicken?

künstelte Deutungen zu finden, dogmatische Beziehungen vollends zurückzuweisen." [1]

Hasenclever hat bei der genetischen Entwicklung des Bildes unserer Stammeltern einige allerdings seltenere Darstellungen übergangen, auf denen die Schlange nicht um den Baum gewunden ist, sondern frei auf dem Boden mit hochaufgerichtetem Vorderleib dahinkriecht; wie z. B. auf einem vor nicht langer Zeit entdeckten Gemälde der Priscilla-Katakombe [2] und auf zwei Sarkophagen bei Garrucci (V, 374 u. 4, 383 n. 5). Diese Ausnahmen werden jedoch Hasenclever voraussichtlich keine ernsten Schwierigkeiten bereiten; denn die Schlange hat auf mehreren antiken Monumenten, auf denen sie in der gleichen Eigenschaft „als Agathodämon im häuslichen Cult des Altertums" abgebildet ist, die ebenbeschriebene Gestalt. So finden wir sie besonders an Orten, die man vor Verunreinigung welcher Art immer um jeden Preis sicher stellen wollte. „Pinge duos angues: Pueri, sacer est locus ...!" singt in diesem Sinne der Dichter Persius (*Satyr.* 1, 113). Nur eine Malerei der Titusthermen sei hier erwähnt: dort erblicken wir zwei gegen einander emporgerichtete Schlangen, dazwischen den Hausaltar, auf dem eine Schüssel mit den Weihegaben und dem aspergillum liegt; darüber lesen wir eine Drohung, in welcher nichts Geringeres denn der Zorn von 12 Göttern und obendrein noch der Diana sowie des Jupiter Optimus Maximus gegen denjenigen heraufbeschworen wird, der die Reinheit des Ortes freventlich verletzen sollte. Diese Darstellungen kommen zwar nicht „im antiken Gräberschmuck" vor, dafür waren sie aber auch um so leichter zugänglich und konnten sie infolge dessen auch um so erspriesslicher die „Ideenassociation" beeinflussen.

Weniger leicht löst sich die Schwierigkeit bei einigen Reliefbildern, auf denen die Schlange gänzlich fehlt, oder bei solchen, wo zwischen Adam und Eva Christus getreten ist und jenem eine Garbe, dieser ein Lamm (Ziege) darreicht. Was in diesen Fällen „die Phantasie des Künstlers" „zur Darstellung der Erzählung vom Sündenfall" angeregt hat, wird uns Hasenclever in der zweiten Auflage seines „Gräberschmucks" sagen.

§ 13. Das Opfer Abrahams.

„Die Scene der Opferung Isaaks durch Abraham ... wird von den römischen Archäologen als Typus sowohl für Christi Opfer am Kreuz, wie auf das unblutige Opfer der Messe erklärt. Letztere Auffassung wurde besonders durch de Rossi in die Erklärung der Bildwerke eingeführt, und besonders mit Rücksicht auf jene Bilder, welche von der gewöhnlichen Darstellung dadurch abweichen, dass Abraham und Isaak betend erscheinen. So besonders jenes Wandgemälde in S. Callisto. Aber man muthet da einem christlichen

---

[1] Für die symbolische Bedeutung der Scenen des Sündenfalles verweisen wir auf unsere *Beiträge z. Real-Encykl.* a. a. O. S. 159 und auf die *Röm. Quartalschrift* 1888, S. 287 f.
[2] Vergl. *Röm. Quartalschrift* 1888, S. 80 f.

Kunsthandwerker typologische Deuteleien alttestamentlicher Erzählungen zu, die unmöglich in der Gemeinde vorhanden sein konnten" (S. 219).

Welche Bedeutung „die Gemeinde" dem Opfer Abrahams beilegte, habe ich in einem Aufsatz über diesen Gegenstand gezeigt (*Röm. Quartalschr.* 1887 S. 126 ff.), auf den ich Hasenclever um so mehr verweisen muss, als zwei unrichtige Vermuthungen, die er in den citirten Worten und der zugehörigen Anmerkung (3) ausspricht, einer Richtigstellung bedürfen. Auf S. 152 des erwähnten Aufsatzes ist von der typischen Beziehung, die das Opfer Abrahams zum Messopfer hat, die Rede. Dafür werden in der Anmerkung de Rossi, *Roma Sott.* II, p. 343 und Garrucci, *Teorica*, cap. V, p. 328 citirt und vom letzteren die betreffenden Worte wiedergegeben. Sie lauten: „Abramo col figlio oranti prefigurarono il sacrifizio incruento, che il figliuolo di Dio institui nella sacra cena; l'agnello e il fascio di legne furono i tipi del sacrifizio cruento consumato da Cristo sull'ara della Croce." Zu diesem Citat bemerke ich dann folgendes: „Nichtsdestoweniger hat Schultze in seinen *Archäologischen Studien* S. 93 behaupten können, P. Garrucci habe ‚die Beziehung des Opfers Isaaks später' (d. h. nach der zweiten Herausgabe der *Vetri*) ‚entschieden abgewiesen'. Wir verargen es Schultze nicht, dass er das V. Capitel der *Teorica* nicht gelesen hat, unbegreiflich aber ist, dass er für seine Behauptung auf *Storia* III, S. 127 verweist; da lesen wir nämlich: ‚il sacrifizio di Abramo è celebratissimo nei libri rivelati e dai Santi Padri, e ciò per due ragioni principalmente. Perocchè in primo luogo Abramo per questo atto di eroica obbedienza divenne la più viva e commovente figura del sacrifizio che doveva fare il Figliuolo di Dio di sua vita per la redenzione del mondo: ed in secondo luogo perchè meritò di essere perciò padre del mondo ... cioè degli Ebrei fedeli e delle nazioni che crederebbero nel Salvatore ... Per le quali ragioni frequentemente il vediamo rappresentato nelle pitture cimiteriali e nei sarcofagi cristiani'. P. Garrucci gibt also nur die zwei Hauptgründe an, warum das Opfer Abrahams in den heiligen Schriften und von den Vätern so hoch gefeiert, warum es so häufig ... dargestellt wurde, keineswegs aber ‚weist er entschieden dessen Beziehung auf das Messopfer ab', davon spricht er hier gar nicht, wohl aber in jenem fünften Kapitel der *Teorica*, wo er die Symbolik des Opfers Abrahams ex professo behandelt. Schultze hat also — ob mit Absicht oder ohne Absicht, sei dahingestellt — einen Sinn in die Worte P. Garrucci's gelegt, der diesen ganz fremd ist". Hasenclever, der offenbar nur jene Stelle der Schultze'schen „Studien" gelesen, konnte an der Richtigkeit der obigen Aussage unmöglich zweifeln und wiederholte sie S. 219 Anm. 3 in noch bestimmteren Worten: „Aber selbst Garrucci hat solche Bedenken gegen diese Auffassung" — nach welcher das Opfer Abrahams Typus des Messopfers ist —, „dass er sie für unhaltbar erklärt. Cfr. Storia III, S. 127". Liess sich Hasenclever hier durch Schultze täuschen, so täuschte er sich selbst durch die Vermuthung, dass de Rossi „besonders mit Rücksicht auf jene Bilder", auf welchen „Abraham und Isaak betend erscheinen", das Opfer Abrahams als Vorbild des „unblutigen Opfers der Messe" hingestellt habe; über de Rossi's Gründe kann sich Hasenclever belehren, wenn er jenen nicht bloss citiren, sondern lesen und studiren wird.

Was „direct" „die Aufnahme" des Opfers Abrahams „in den Bilderkreis der Grabmalerei veranlasst" hat, lässt Hasenclever „dahingestellt" sein. „Es wäre möglich", meint er S. 220, „dass irgend eine individuelle Beziehung das Bild geschaffen hat, welches dann stereotyp wurde, möglich auch, dass jemand durch den Anblick des Bildes der Opferung der Iphigenia zu diesem biblischen Pendant jener antiken Erzählung angeregt wurde. Antiker Einfluss ist ja nicht zu verkennen, so besonders auch in dem Festbinden der Hände auf dem Rücken, einer antiken Gewohnheit beim Opfern" [1].

Möglich, wie diese beiden Möglichkeiten, wäre auch, dass „persönliche Liebhaberei sich für diese Darstellung entschieden" hat; möglich ferner, dass sie durch den Namen des Verstorbenen, der vielleicht Isaak oder Abraham hiess, veranlasst wurde; im letzteren Falle wäre sie also nichts anderes als ein „phonetisches Zeichen"!

Grosse Beachtung verdient im Interesse des Hasenclever'schen Zusammenhanges der altchristlichen mit der heidnischen Kunst ein Umstand, den Hasenclever nicht genügend auszunützen verstanden hat. Daher wollen wir seine Rolle übernehmen. Auf mehreren Malereien fehlt nämlich der Widder, und Abraham hat zwar ein langes Schlachtmesser in der Rechten, aber Isaak ist nicht gebunden, sondern steht fessellos da, oder geht, vom Vater an der Hand geführt, ruhig des Weges: es scheint, als wenn beide ein ganz praktisches Ziel im Auge hätten. Sollten in solchen Fällen diese beiden Figuren nicht die Verstorbenen versinnbilden, „deren Bildniss nach bekanntem Usus (!) in die Scene hineingesetzt ist"? Wird diese Frage bejaht, dann muss Hasenclever nach Analogie der convertirten Orpheusdiener (s. S. 7) an einen zum Christenthum bekehrten Götzenpriester und seinen Sohn denken, deren sterbliche Reste vielleicht in jenen Gräbern ruhten. Zu der Ausschmückung derselben eignete sich in hohem Grade jene Handlung, die in ihrem vorchristlichen Leben so häufig sich abspielte: der Gang zum Opfer, der, aufs Bild gebracht, vermöge der „Ideenassociation" von selbst die Gedanken zum Opfer Abrahams hinlenkte! Durch eine solche Annahme wird die unausfüllbare Kluft zwischen dem Opfer der Iphigenie auf Tauris und dem des Abraham überbrückt: von dem poëtischen Opfer der Mythe gelangt Hasenclever zum prosaischen Schlachten der schleppfüssigen Rinder im heidnischen Opfercult, und von diesem zum Opfer der Bibel!

§ 14. Job.

„Man hat in einigen Katakombenbildern, welche einen einsam auf einem Stein sitzenden, nur mit einer Tunika bekleideten jungen, bartlosen Mann dar-

---

[1] Vergl. darüber die *Röm. Quartalschrift* 1887, S. 136 ff.

stellen, Hiob sehen wollen. Wir glauben, mit Unrecht. Die Figur findet sich auch im antiken Sepulcralschmuck. Bei den Griechen wurden besonders die Portraits derjenigen, welche auf dem Meere umgekommen waren, also auf ihrem Kenotaphium abgebildet (wo?). Es finden sich aber auch die Verstorbenen überhaupt also in dem antiken Gräberschmuck dargestellt (wo?), somit werden diese Figuren auch nichts anderes als Abbildungen des Verstorbenen sein sollen. Sie als Hiob zu fassen ist eine Vermuthung, welcher jede Begründung fehlt. Damit sind auch alle Erörterungen über typologische oder symbolische Beziehungen des Bildes hinfällig. Die Figur des Hiob ist mit Sicherheit nur auf dem bekannten Sarkophag des Junius Bassus zu constatiren."
In diesen Worten offenbart Hasenclever wieder seine ungenügende Kenntniss der Monumente. Mit der gleichen Sicherheit könnte er selbst „die Figur des Hiob" auf vier anderen Sarkophagen „constatiren", wenn er nur einen oberflächlichen Blick auf die Tafeln 323. 3, 341. 1, 350. 2 u. 399. 4 des fünften Bandes der *Storia* Garrucci's werfen würde: dort fände er nämlich dreimal das charakteristische Merkmal der Jobdarstellungen, die Frau, welche mit einer Zange Job das Brod darreicht; auf der vierten Darstellung ist von der Frau und den Freunden des Dulders die obere Hälfte zerstört. Würde dann Hasenclever diese Scenen mit jenen der Katakomben vergleichen, so müsste ihn seine eigene Theorie von der „naiven Verkürzung" nothwendig zu dem Schlusse führen, dass auch da kein anderer als der grosse Zeuge der Auferstehung abgebildet ist. Wenn Hasenclever trotzdem bei seiner Meinung verharren sollte, so möge er uns erklären, warum die Verstorbenen in dieser ganz sonderbaren Weise dargestellt wurden. Soll man in jenen Figuren einen träumerischen Nichtsthuer oder einen tiefen Denker erkennen? Das klingt zwar paradox, ist aber nach Hasenclever ganz plausibel; für jenen spricht die von ihm so oft erwähnte „Gedankenlosigkeit", für diesen die „Reflexion" der alten Christen!

§ 15. Daniel in der Löwengrube und die drei Jünglinge im Feuerofen.

Merkwürdigerweise findet Hasenclever für drei „Wundergeschichten der Bibel": „Die Rettung des Daniel, das Quellwunder des Moses und die Bewahrung der drei Jünglinge im Feuerofen" kein Unterkommen in der Antike. „Directe Typen der antiken Kunst liegen nicht vor"! Dagegen scheinen indirecte Vorbilder, wie aus dem Folgenden (S. 213) hervorgeht, seinem Geiste vorgeschwebt zu haben: „Doch ist ihre Einwirkung bei einer Gestalt wie derjenigen des Daniel unverkennbar, denn die Bildung des Nackten ist in den Gemälden (verbess. *Copien*) meist vortrefflich. Dass Daniel überhaupt nackt dargestellt wurde, deutet an sich schon darauf hin, dass der Künstler nach Vorbildern gearbeitet hat, und auch der Umstand, dass immer zwei in sitzender Haltung angebrachte Löwen vorhanden sind, während in der biblischen Erzählung deren Zahl nicht beschränkt ist, hat wohl seinen Grund in bestimmten" (was für welchen?) „Reminiszenzen an antike Malereien." — Letzteres erklärt sich einfach aus künstlerischen Motiven der Symmetrie, die auch bei dem Bilde des guten Hirten mitgewirkt haben.

Daniel war ein Bild der *ad leones* verurtheilten Martyrer, welche zur Erhöhung des Schauspieles bisweilen auf ein Suggestum gestellt wurden, das in den Martyracten der hl. Perpetua und Felicitas pulpitum und pons genannt wird. Daran erinnert bei einem Glasfragment der pons und bei zwei Gemälden die kleine Erhöhung, auf welcher Daniel steht. Statt solche wichtige Umstände, welche die bildlichen Darstellungen Daniels beeinflussen konnten, zu erwähnen, ergeht sich Hasenclever (S. 214) gemäss seiner „geschichtlichen Betrachtung der Monumente" in allerlei Vermuthungen und Möglichkeiten: „Zur Wahl des einen oder andern dieser Bilder" (nämlich der drei eben genannten) „mag persönliche Vorliebe, auch Beziehung auf einen Namen oder sonstige Verhältnisse, die Veranlassung gegeben haben".

Die N a m e n Daniel, Moses und der drei Jünglinge sind in der römischen Nomenclatur so gut wie unbekannt; ein MUSES (MOYCHC) hat für sich und seine Gemahlin in S. Callisto ein Grab errichten lassen, das mit zwei grossen Platten verschlossen wurde[1]. Wenn je einer, so hätte dieser kraft der „Ideenassociation" des biblischen Moses sich erinnern und ihm zu Ehren auf der Grabplatte das Quellwunder anbringen sollen; und doch sehen wir auf beiden Steinen nur den guten Hirten und eine Orans. Freilich mag dieses „gedankenlos" und „ohne Reflexion" geschehen sein! Was denkt sich ferner Hasenclever unter der „persönlichen Vorliebe"? Was unter den „sonstigen Verhältnissen"? Ruhten in den Gräbern mit den Darstellungen Daniels vielleicht Löwenbändiger oder Circusdiener? Und in denen der drei Jünglinge vielleicht Ofensetzer oder gar Drillinge?

W e r t h l o s ist auch die folgende Bemerkung Hasenclevers: „Wenn die Darstellung Daniels ... in einer so hervorragenden Gruft der Domitilla-Katakombe — ein Bild, das vielleicht noch bis ins erste Jahrhundert zurückgeht — angebracht wurde, so konnte es leicht kommen, dass die andern es nachahmten, ohne weiter darüber zu reflectiren. Jedenfalls sind auch diese Darstellungen wie viele andere mit der Zeit rein decorativ geworden, denn sie sind auch auf nicht sepulcrale Monumente übergegangen."

Woher weiss denn Hasenclever, dass auf „nicht-sepulcralen Monumenten" die biblischen Scenen „rein decorativ" sind? Und wenn das Bild Daniels in der Gallerie der Flavier wirklich Veranlassung zur gedankenlosen Reproduction gegeben hat, so kamen die Christen bei der Darstellung dieser Scene überhaupt nie zur Erkenntniss des Grundes, warum dieselbe dargestellt wurde, denn jenes Bild ist das älteste von allen, also als solches nach Hasenclever a fortiori ohne Reflexion entstanden.

---

[1] De Rossi, *Roma Sott.* II. tav. XL, 10. 11.

§ 16. Das Quellwunder des Moses.

Eine harte Nuss ist für Hasenclever (S. 214 ff.) die Deutung, welche die „römischen Archäologen" dem „Quellenwunder des Moses" beilegen. Um diese womöglich durch eine andere, weniger unbequeme zu ersetzen, überwindet er seine Abneigung vor „der typologischen Auffassung" der „biblischen Grabscenen" und sieht „in Moses den alttestamentlichen Typus auf Christum"[1]. „Doch" dürfe „dies nicht dahin ausgedeutet werden, dass Christus direct durch Moses dargestellt" sei, man müsse sich hier vielmehr mit einer „allgemeinen" und „einfachen Beziehung" begnügen. „In diesem Sinne" habe das Quellwunder „schon Paulus 1 Kor. 10, 4 verwerthet" und auf Monumenten spreche dafür der Umstand, „dass sehr häufig ... die Scene des wasserweckenden Moses dicht neben diejenige der Auferweckung des Lazarus gestellt wird".

Hasenclever hält sonst nicht viel auf die Nebeneinanderstellung der Scenen; „ein Connex der Bilder lasse sich nur mit Willkür construiren", da sie, „wie es im altchristlichen Gräberschmuck durchweg der Fall" sei, „ganz planlos durcheinander" stünden (S. 238). Hier scheinen jedoch „die Kunsthandwerker", Hasenclever zulieb, gegen alle Gewohnheit einen lichten Augenblick gehabt zu haben: deswegen macht auch er eine **unbegründete** Ausnahme von seiner Regel. Wir sagen: eine unbegründete; denn die **sehr häufige und dichte Nebeneinanderstellung** jener beiden Scenen ist wieder nur eine Vermuthung, die Hasenclever **unabhängig von den Monumenten** sich gebildet hat. Auf den Tafeln des II. Bandes der *Storia* erscheint das Quellwunder gegen 26 Mal, und nur gegen 5 Mal sehen wir es „dicht neben" der Auferweckung des Lazarus.

---

[1] Gegen die auch von anderen Archäologen (Garrucci, *Vetri* ed. 2. p. 12; Martigny, *Dict.* p. 474; Kraus, *Real-Encykl.* II, 431) vertretene Ansicht, dass Moses auf den alten Monumenten auch Typus Christi sei, hat sich schon Schultze erhoben. Er schreibt in seinen „Studien" (S. 168): „Was ... die Substituirung des Mose durch Christum betrifft, so zeigt, abgesehen von jener Thatsache", — er hat sich eben über die „Unentschiedenheit und Flüssigkeit" der „einzelnen Typen" verbreitet — „ein Fresko bei Bottari (tav. 164) mit Evidenz die Unrichtigkeit der üblichen Exegese. Denn auf demselben sind das Quellwunder und die Auferweckung des Lazarus dicht aneinander gerückt und in beiden Scenen erscheinen die Vollzieher des Wunders jung und bartlos; aber sie sind dadurch unterschieden, dass Christus mehr knabenhaft, mit tief herabfallendem Haar gebildet ist, während Mose die Züge eines jungen Mannes von circa 25 (!) Jahren hat und das Haar kurz trägt". So richtig die von Schultze vertheidigte Ansicht ist, so vorfehlt ist seine Berufung auf die Abbildung bei Bottari. Diese gehört nämlich zu den ersten Copien, von denen weiter unten (S. 94) die Rede ist. Das Original zierte eines von den sieben Arcosollen des *Coemeterium Jordanorum*, mit dessen Entdeckung das Studium der Roma Subterranea begonnen hat. Damals war Bosio drei Jahre alt; als er später seine Forschungen in Angriff genommen hatte, war das Coemeterium gänzlich zerstört — „il tutto era sottosopra e coperto" (*Roma Sott.* p. 511). Er hatte demnach keine Gelegenheit mehr, die von Ciaconio erhaltenen Zeichnungen mit den Originalien zu vergleichen; jene sind also doppelt ungetreu und für speciellere Fragen, wie für die vorliegende, nicht zu Rathe zu ziehen. Aber Schultze hat nicht einmal der von ihm citirten Abbildung Bottari's (tav. 164; dasselbe auch bei Aringhi, *Roma Sott.* II. p. 125 n. 2. 4; Garrucci II, tav. 70. 1) die erforderliche Aufmerksamkeit geschenkt; denn Moses ist dort weder „bartlos" noch hat er „die Züge eines jungen Mannes von circa 25 Jahren", sondern er ist ein bärtiger Greis,

Nachdem Hasenclever in Moses einen „Zwitter"-Typus Christi festgestellt hat, geht er (S. 215) an die Widerlegung der Ansicht der „römischen Archäologen". Er schreibt: „Eine merkwürdige Exegese, welcher man den Vorwurf einer dogmatischen kirchlichen Voreingenommenheit nicht wird ersparen können, ist für die Scene des Quellwunders von den römischen Archäologen noch versucht worden: man will nämlich in der bärtigen Mosesgestalt am Felsen einen mystischen Hinweis auf Petrus sehen und hat die Zwittergestalt ‚Mosé-Pietro' in die altchristliche Kunst eingeführt (cfr. de Rossi, Roma Sott. III, 448). Und warum dies? weil auf drei Exemplaren von Goldgläsern, zwei vaticanischen und einem in Podgoritza gefundenen [1], jetzt in Paris befindlichen, über der Scene des Quellwunders die Inschrift ‚Petrus' steht. Einer unbefangenen Betrachtung kann nicht zweifelhaft sein, dass nichts anderes als Unkenntniss oder Verwechselung von Seiten des Glasarbeiters diese Inschrift geschaffen hat. Bei dem letztgenannten Exemplar, einer rohen, der letzten Phase altchristlicher Kunstthätigkeit angehörenden Arbeit, ist dies ganz unzweifelhaft, denn man liest hier auch über der Figur Adams ... die Inschrift ABRAM. Nichts anderes als solche Unkenntniss wird man auch bei den zwei vaticanischen Exemplaren, die gleichfalls sehr roh gearbeitet sind, annehmen müssen. Es sind ja eine ganze Masse [2] von Goldgläsern mit der Darstellung des Quellwunders ohne jene Petrusbezeichnung vorhanden. Somit ist die Grundlage für das stolze Gebäude apologetischer Ausführungen, welche man auf römischer Seite an jene drei Goldgläser angeknüpft hat, sehr schwach und dürftig. Vollends willkürlich aber ist es, aus solchen vereinzelten Ausnahmen nun einen Schluss auf alle Darstellungen des Quellwunders zu machen. Wären diese drei Goldgläser zufällig nicht erhalten geblieben, so würden auch die

---

[1] Das „in Podgoritza gefundene Exemplar" ist kein Goldglas, sondern eine Glaspatene, auf welcher die Scenen graphirt sind.

[2] Mit der „ganzen Masse von Goldgläsern" macht sich Hasenclever, wohl ohne es zu ahnen, einer grossen Uebertreibung schuldig. Die fragliche Darstellung des Quellwunders kommt im ganzen auf acht Goldgläsern vor; zweimal (Garrucci, Vetri I, 2. 3) sehen wir sie in Verbindung mit anderen biblischen Scenen, die gleichfalls ohne Inschrift sind; dreimal (II, 11; III, 1. 2) bringen sie die kleinen Medaillons, wo der winzige Raum die Anbringung einer Inschrift nicht gestattete; auf den drei übrigen Exemplaren (II, 10; X, 9; Kraus, Real-Encykl. II, 431 u. a. m.) ist die Darstellung von der üblichen Grösse der Goldgläser; zwei von ihnen tragen die Inschrift: PETRVS, bei dem dritten ist die Bildfläche durch die Zeichnung ganz ausgefüllt, ausserhalb derselben steht die Legende: HILARIS CVM TVIS | PIE ZESES | IN DEO. Was sodann die Glaspatene von Podgoritza betrifft, so sind ihre Darstellungen in ähnlicher Weise, wie bei den Deckengemälden, um ein Mittelbild geordnet. Bei dem Bilde unserer Stammeltern liegt allerdings ein „lapsus calami" vor, indem der „Künstler" statt ADAM den mit dem gleichen Anfangsbuchstaben beginnenden Namen ABRAM schrieb. Dadurch hat er aber nichts Fremdes in den Ideenkreis eingeführt, da das Opfer Abrahams unter den dargestellten Scenen sich vorfindet, und zwar als Hauptgruppe in der Mitte. So begreiflich also dieser Irrthum ist, so unbegreiflich wäre er bei dem Quellwunder, da Petrus durch keine andere Scene vertreten ist. Ein „lapsus calami" liesse sich also hier nur mit „Willkür" constatiren, um so mehr, als zwei von verschiedenen „Künstlern" verfertigte Goldgläser die gleiche Eigenthümlichkeit aufweisen.

römischen Archäologen gewiss nicht auf jene Exegese verfallen sein, denn bei den Vätern ist eine Beziehung zwischen Moses und Petrus ganz unbekannt". Sonderbar! Hier, wo die Monumente selbst laut und deutlich reden, appellirt Hasenclever an die Väterstellen; zieht man diese zur Erklärung heran, so ist er gleich mit seinem Schlagworte „hineingeheimnissen" da und bestreitet die Zulässigkeit, „die allegorische Redeweise eines kirchlichen Gelehrten für den volksthümlichen Gräberschmuck verwerthen zu können". Dessenungeachtet werden wir ihm, aber später, den Gefallen thun und Väterstellen vorführen; jetzt wollen wir uns zu Schultze wenden, den er, ohne ihn zu citiren, hier sehr stark benutzt hat; was wir also von diesem sagen werden, gilt auch für ihn.

Schultze ist in der Bekämpfung der „merkwürdigen Exegese" etwas vorsichtiger [1]; er stellt sich „der Substituirung des Mose durch Petrus" anfangs nicht bloss nicht feindselig gegenüber, sondern erkennt sie sogar innerhalb gewisser Grenzen an; später bekämpft er sie aber in ähnlicher Weise, wie Hasenclever es thut. Man dürfe sich, meint er („Studien" S. 109 f.), „über die principale Stellung, welche durch diese Darstellungen" (der drei Gläser mit der Inschrift PETRVS) „dem Petrus als zweitem Mose zuerkannt wird", gar nicht wundern; „eine solchergestalt gesteigerte Würdigung der Persönlichkeit und Stellung des Apostelfürsten" fände „sich bei den gleichzeitigen Schriftstellern fast allgemein [2], und diese Darstellungen" seien „also nichts als eine Illustration dieser in bestimmten theologischen und Volkskreisen herrschenden Anschauung" (also fast allgemein und doch nur in bestimmten Kreisen!). „Dass dieselbe aber noch weit entfernt war, Eigenthum der Gemeinde als solcher zu sein, beweist eben der Umstand, dass diese singulären Kunstproducte als Ausnahmen auftraten und Ausnahmen geblieben sind, denn, soweit unser Besitz und unsere Kenntniss reicht, stehen diesen beiden Beispielen circa sechzig andere gegenüber, die eine Beziehung auf Mose (verbess.: Petrus) nicht haben, und es müsste doch ein ganz besonderer Zufall sein, wenn die Zeit uns gerade dieses Genre von Petrus-Mosebildern vernichtet hätte. Somit dürfte die hohe dogmatische Werthschätzung dieser Bilder, die seit Marchi einen fast komischen Ausdruck gefunden hat, aufzugeben sein."

Dieser zuversichtlichen Einladung müssten wir unbedingt Folge leisten, wenn das Fehlen des Namens PETRVS auf den „circa sechzig andern Bei-

---

[1] Als letzter Bekämpfer der „merkwürdigen Exegese" ist Johannes Ficker in seiner Schrift: *Die Darstellung der Apostel in der altchristlichen Kunst* (S. 50, Anm. 1; S. 87, Anm. 1; S. 93, Anm. 2) aufgetreten. Schultze („Ueber den gegenwärtigen Stand der kirchlich-archäologischen Forschung" a. a. O. S. 308) bemerkt hierzu folgendes: „Was Ficker über die viel ausgedeutete Substituirung des den Wasserquell hervorrufenden Moses durch Petrus auf einigen altchristlichen Denkmälern sagt, verdient Beachtung, wird aber schwerlich die von den römischen Archäologen hartnäckig festgehaltene Gestalt des Mosè-Pietro, die als Primatsbeweis dient, aus der Welt schaffen." Wir sind darüber einer andern Meinung, gehen aber auf Ficker's Schrift nicht näher ein, da ihr Verfasser darin über Monumente aburtheilte, die er nie gesehen hat.

[2] Sollte Hasenclever deswegen Schultze zu citiren unterlassen haben?

spielen" mit einem Protest gegen „die Beziehung" des Moses auf Petrus gleichbedeutend wäre. Dieses wird aber Niemand annehmen können, ohne eine Leichtfertigkeit zu begehen. Eine solche Annahme würde überdies unrichtige Consequenzen nach sich ziehen; so lesen wir auf einem Goldglase über Christus, der die wunderbare Brodvermehrung vornimmt: CRISTVS ZESVS (*Vetri* VII, 17), auf einem andern (VIII, 5), das die Auferweckung des Lazarus enthält: ZESVS CRISTVS; sehr viele andere dagegen haben den erklärenden Namen nicht, wiewohl die Darstellung dieselbe ist. Dürfen wir nun aus dem „Umstande, dass diese singulären Kunstproducte als Ausnahmen auftraten und Ausnahmen geblieben sind", schliessen, dass die übrigen zahlreichen Beispiele auf eine von jenen „Ausnahmen" verschiedene Weise zu erklären seien? Wir glauben auf keinen Widerspruch zu stossen, wenn wir diese Frage verneinen. Das Gleiche gilt aber auch für die Darstellung des Quellwunders, das nicht ein-, sondern dreimal mit dem Namen PETRVS versehen ist. — Dass diese Namen nur auf Gläsern und nicht auch auf den Gemälden und Sarkophagen beigeschrieben sind, erklärt sich einfach aus dem Grunde, dass die alten Maler und Bildhauer die Gewohnheit, durch Legenden die Darstellungen zu erklären, nicht handhabten; wir finden zwar auf Gemälden über einigen Einzelfiguren die zugehörigen Namen, dagegen nie über biblischen Scenen, deren symbolische Bedeutung der Gemeinde geläufig war.

Schultze sucht der „merkwürdigen Exegese" noch von einer andern Seite beizukommen: „Dass aber von den genannten Darstellungen aus ein Schluss auf die Gesammtheit der Mose-Darstellungen gemacht und in dem das Quellwunder vollziehenden Mose ausnahmslos oder fast ausnahmslos Petrus erkannt wird, ist ein unberechtigtes unwissenschaftliches Verfahren, welches durch nichts gestützt wird. Wenn sich de Rossi auf ein Fresko in S. Callisto beruft (Bull. crist. 1868, S. 5; Abb. Roma Sott. II, tav. d' aggiunta B.), welches links einen unbärtigen Jüngling (Mose) zeigt, der sich die Schuhe löst, rechts einen bärtigen Mann, der aus einem Felsen einen Wasserquell hervorruft (angeblich Petrus), so ist bereits früher darauf hingewiesen worden, dass die altchristliche Malerei nicht selten Beispiele eines ganz unvermittelten Ueberganges von einem Typus zu einem andern auf demselben Bilde zeigt. So erscheint auf einem Fresko bei Bottari (t. 161) bei dem Wunder der Brodvermehrung Christus bärtig, bei der Auferweckung des Lazarus jugendlich und bartlos. Und doch sind beide Scenen dicht aneinander gerückt (vergl. auch Garrucci, *Storia* t. 33).

Früher und hier beruft sich Schultze auf die Abbildung bei Bottari (t. 164), welche wir oben S. 23, Anm. 1 als gänzlich unzuverlässig bezeichnet haben. Dieselbe Unzuverlässigkeit lässt sich bei dem letzteren Citat („Garrucci, *Storia* t. 33") an dem glücklicherweise noch erhaltenen Original beweisen. Die Malerei befindet sich im Bogen eines Arcosols der Domitilla-Katakombe, das auf dem Plane Bosio's mit 29 vermerkt ist. Der verhältnissmässig noch gute Stil weist auf das Ende des dritten oder Anfang des vierten Jahrhunderts hin. In der Volte links unten ist die Brodvermehrung: der Heiland jugendlich bartlos, bekleidet mit Sandalen, Tunica und Pallium, an dessen Zipfel das Zeichen I, hält die Rechte ohne Stab über den Körben ausgestreckt; gegenüber rechts die Scene einer Heilung (*Jesus singulis manus imponens curabat eos* [Luc. IV, 40]): Christus wieder jugendlich bartlos und in der nämlichen Kleidung; seine Rechte ruht auf dem Haupte eines nackten Kindes; in der Mitte des Bogens ist der gute Hirt u. s. w. So beschaffen ist das Original; was bieten uns die Copien? Da ist Christus bei der Brodvermehrung ein gealterter Mann mit Bart und langem Haar, hat hohe Schuhe an den Füssen und trägt in der Rechten den Stab in einer Weise, als wenn er nicht wüsste, was damit anfangen; und der nackte Knabe, an dem die Heilung vollzogen wird, steckt in der Kleidung der Erwachsenen (Tunika und Pallium)!

Wenn also durchaus von „einem ganz unvermittelten Uebergange von einem Typus zu einem andern auf demselben Bilde" die Rede sein soll, so kann das nur die Copien betreffen, darf auf die Originalien nicht ausgedehnt werden, am wenigsten auf das von Schultze (S. 171) beanstandete Gemälde der *cripta delle pecorelle*, wo Moses — eine für Fresken relativ seltene Ausnahme — den bekannten iconographischen Typus Petri hat: kurzen, dichten Bart und dichtes Haupthaar [1].

Nach allem diesen nimmt sich die Klage, die Schultze seinen bisherigen Erörterungen folgen lässt (S. 171), sehr komisch aus: „Es ist zu bedauern, dass man auf diese Weise durch Scheingründe und dogmatische Vorurtheile sich verleiten liess, die Zwittergestalt Mose-Petrus zu schaffen (Roma Sott. III, S. 448: ‚Mosè-Pietro') und in die Alterthumswissenschaft einzuführen. Dadurch wird die seit Marchi über die Darstellungen des Quellwunders gelegte nebelhafte Unbestimmtheit nur verstärkt, und das Bild seinem Inhalte und seiner Bestimmung nach der subjectiven Willkür des Erklärers anheimgegeben."

Wo die „subjective Willkür", wo die „Scheingründe und dogmatischen Vorurtheile" sich finden, weiss der Leser bereits: „dort ist auch die „nebelhafte Unbestimmtheit" zu suchen! Schultze mag dieses selbst gefühlt haben, denn er versucht gegen die „merkwürdige Exegese" schliesslich noch einen dritten Anlauf: „Wenn es unlogisch ist, von einer verschwindenden Minorität aus ohne weiteres einen Schluss auf ein grosses Ganze zu machen, so steht diesem Verfahren ausserdem das chronologische Verhältniss entgegen, in welchem diese Bilder zu den Darstellungen der Verleugnung Petri sich befinden. Denn die Entwicklung kann naturgemäss nur in der Weise vor sich gegangen sein, dass auf die demüthigende Scene die glorificirende folgte, entsprechend der Weiterbildung und Steigerung der Vorstellung von der Würde des Petrus in der römischen Kirche. Die ‚Verleugnung' tritt aber erst in der Sarkophag-Sculptur und auf Fresken entgegen, die derselben Zeit, dem vierten Jahr-

---

[1] Der „langgezogene Bart", von dem Schultze spricht, ist weder auf dem Original noch auf irgend einer nennenswerthen Copie wahrzunehmen. Für Hasenclever ist die Verschiedenheit beider Typen „nur ein Beweis, wie harmlos und sonder Reflexion so ein altchristlicher Decorationsmaler gearbeitet hat"! (S. 210.)

hundert, angehören. Hätte aber die Gemeinde schon längst vor dem vierten Jahrhunderte unter dem das Quellwunder vollziehenden Manne Petrus verstanden, so hätte sie damit nicht nur die kirchliche Literatur anticipirt, die im dritten Jahrhunderte den Vergleich Petri mit Mose noch nicht kennt, sondern es bliebe in diesem Falle auch ein Räthsel, wie der Rückschritt zu den Darstellungen des ‚Falles' sich vollziehen konnte" u. s. f.

Die „verschwindende Minorität" nebst ihrer Ursache haben wir oben auf S. 24 f. beleuchtet, und über den „Vergleich Petri mit Mose" werden wir bald noch das Nothwendige sagen; es bleibt somit vor der Hand nur die Schwierigkeit des „chronologischen Verhältnisses" zu lösen übrig. Auch diese ist, wie alle übrigen, nur eine — scheinbare; denn es liegt kein Grund vor, warum in den Darstellungen Petri gerade die „Verläugnung" den Anfang machen sollte. Wie die alten Künstler den hl. Paulus nicht erst als den „wuthschnaubenden persecutor ecclesiae Dei", sondern gleich in seiner Würde als Mitglied des Apostelcollegiums darstellten, ebenso, und mit noch grösserem Recht, konnten sie auch den Apostelfürsten allsogleich „in seiner principalen Stellung", „als zweiten Mose" uns vorführen, da die „glorificirende Scene", in welcher die ewig denkwürdigen Worte: *Tu es Petrus et super hanc petram aedificabo ecclesiam meam* gesprochen wurden, längst der „demüthigenden Scene" der Verläugnung vorangegangen war. Wenn diese letztere auf den Monumenten der Constantinischen Zeit den bisher üblichen Petrusdarstellungen hinzugefügt wurde, so vollzog sich dadurch noch nicht ein „Rückschritt", denn um die nämliche Zeit erscheinen auch die „glorificirenden Scenen", auf welchen Petrus aus der Hand Christi die Gesetzesrolle oder die Schlüssel erhält; in diesen, wie in jenen, sehen wir nur eine Vermehrung der Darstellungen aus dem Leben des Apostelfürsten.

Mit dem Quellwunder verbindet Schultze schliesslich die Scene der „Misshandlung des Mose durch das unzufriedene Volk". „Die Mehrzahl der Erklärer" soll hier „mit Anschluss an ältere Interpreten... die Gefangennahme des Petrus dargestellt" sehen, gegen welche „Martigny (Dict. Juifs)... überzeugend [1] nachgewiesen" habe, „dass die Beziehung auf Petrus unrichtig" sei, „und die Scene vielmehr dem Leben des Mose" angehöre. Schultze fügt noch als weiteren Grund hinzu, „dass ‚Quellwunder' und ‚Misshandlung'" manchmal „in eine Gruppe hineingezogen" seien, „wodurch die Frage ihre definitive Erledigung" fände. — Hier vermengt Schultze Wahres mit Unrichtigem; wahr ist, dass Martigny in dieser Scene die Gefangennehmung des Moses erkennt, unrichtig dagegen, dass er „die Beziehung auf Petrus" abweise, denn er sagt von seiner Erklärung: „(interprétation), qui du reste laisse place au sens figuré". Mit dieser „figürlichen Bedeutung" ist aber keine andere als die „Beziehung auf Petrus" gemeint.

---

[1] Martigny verdankt diese Anerkennung nur dem Umstande, dass er hier eine Ansicht Schultze's vertritt; denn das einzig Ueberzeugende ist der Hinweis auf die jüdischen Mützen, mit denen die Männer bekleidet sind, welche Moses bedrängen.

§ 16. Das Quellwunder des Moses. 29

Gegenüber diesen erfolglosen Bemühungen Schultze's, die „merkwürdige Exegese" und damit auch „die hohe dogmatische Werthschätzung" der Darstellungen des Quellwunders aus der „Alterthums-Wissenschaft" zu beseitigen, wollen wir noch einige kurze Bemerkungen über diesen wichtigen Gegenstand folgen lassen.

Das Quellwunder begegnet uns auf den von Garrucci publicirten Sarkophagen sechzehnmal zusammen mit der Verläugnung Petri [1]. Da nun Petrus in sechs von diesen Darstellungen, wie Moses, den thaumaturgischen Stab trägt, da er ferner in der Bekleidung und besonders in der Gesichtsbildung meistens ganz dem Moses gleicht, so legen schon diese sechzehn Sarkophagbilder den Gedanken nahe, dass hier Moses „überhaupt nur typisch und vicarirend für Petrus dargestellt" sei. Zu einer solchen typischen Auffassung des Moses wurden die alten Christen durch den Parallelismus angeleitet, welcher zwischen Moses und dem Apostelfürsten besteht.

I. Moses war der Gesetzgeber seines Volkes; Gott selbst hat ihm die Gesetzestafeln auf dem Berge Sinai übergeben. Die alten Künstler stellten dieses Ereigniss einige Male auf den coemeterialen Fresken des dritten und vierten Jahrhunderts dar [2], und zwar fast immer in Verbindung mit dem Quellwunder; sie wählten den Moment, in welchem Moses seine Schuhriemen löst, um sich Gott zu nahen, oder wie er das Gesetz von der aus den Wolken ragenden Hand Gottes erhält. In der gleichen autoritativen Würde begegnet uns Petrus wenigstens auf 24 Monumenten [3]. Diese Scenen der Gesetzesübergabe stammen alle aus der Zeit des Friedens; ihre Anordnung ist im wesentlichen immer die gleiche: Christus, der Stifter des Neuen Bundes, steht zwischen Paulus und Petrus und übergibt diesem mit der Linken eine geöffnete Rolle, während seine Rechte zum Gestus der Rede erhoben ist; Petrus, meist mit der crux gemmata beladen, neigt sich ehrfurchtsvoll zum Herrn und empfängt in die verhüllten Hände die Rolle [4]. Den Künstlern schwebte hier eine Scene aus dem civilen Leben vor: die Sendung der Statthalter in die Provinzen, die in einer analogen Weise vor sich

---

[1] Garrucci V. 313. 1; 315. 1; 318. 1. 4; 320. 1; 323. 5. 6; 358. 1; 364. 2. 3; 365. 2 367. 1. 2. 3; 369. 1; 374. 3; 380. 3.

[2] Garrucci II, 18. 4; 31. 48. 49. 57. 61.

[3] Garrucci III, 180. 5. IV, 207. 1. V. 323. 4; 324. 1; 326. 1; 327. 2; 328. 1; 330. 5; 331. 3; 332. 1. 2; 333. 1; 334. 1. 2. 3; 335. 2. 3. 4; 341. 1. 2. VI, 404. 2. 3. 5; 484. 14; dazu ein Gemälde der Priscilla-Katakombe, über welches ich in der Röm. Quartalschrift 1888, S. 90 berichtet habe.

[4] Petrus befindet sich immer links, Paulus rechts vom Heilande. Man hat sich angestrengt, einen Grund dafür ausfindig zu machen; bei diesen Scenen war indess die Stellung des Apostelfürsten durch die materiellen Umstände geboten: Christus musste die Rechte zum Redegestus frei haben, konnte also die Gesetzesrolle nur mit der Linken übergeben; deswegen stellte man Paulus zur Rechten, Petrus zur Linken. — Ein ähnlicher Grund bestimmte die Stellung Petri auf zwei Sarkophagen, wo Christus ihm das Kreuz gibt: der Heiland hält es in der rechten Hand, daher steht auch Petrus zu seiner Rechten.

ging, indem der Kaiser den Statthaltern, seinen Vicaron, die auf eine Rolle geschriebenen Verhaltungsmassregeln übergab, welche sie aus Ehrfurcht in den Bausch des Palliums entgegennahmen.

Die Darstellungen der Gesetzesübergabe an Petrus[1] sind ideale Compositionen; gewöhnlich steht Christus auf dem Berge, aus welchem die Evangelienströme sich ergiessen; zweimal sitzt er und hat zu seinen Füssen das Zelt des Firmamentes ausgespannt, während die Apostel auf der Erde sich befinden. Hier ist am klarsten die Idee zum Ausdruck gebracht, dass Petrus der irdische Statthalter des zum Himmel glorreich aufgefahrenen Heilandes ist. In diesem Sinne beginnt ein altes Verzeichniss der Bischöfe Roms, das in jener Zeit der Sarkophage allgemein bekannt war, nicht mit Petrus, sondern mit der Himmelfahrt Christi: . . . *passus est dominus noster Jesus Christus et post ascensum eius beatissimus Petrus episcopatum suscepit*[2].

II. Am häufigsten stellen die Denkmäler Moses dar, wie er mit dem Stabe Wasser aus dem Felsen schlägt. Der erste, der dieses Wunder symbolisch deutete, ist kein geringerer als der Völkerapostel selbst: „Et omnes (scil. patres nostri) eundem potum spiritalem biberunt; bibebant autem de spiritali consequente eos petra: petra autem erat Christus" (1 Cor. X, 4 coll. Is. XXXV, 6). Tertullian sieht in demselben einen Hinweis auf das Sacrament der Taufe und nennt das aus dem Felsen fliessende Wasser geradezu „aquas baptismi" (*de bapt.* c. IX, Migne, *PP. lat.* I col. 1210)[3]. Im dritten Jahrhundert, zumal in der Controverse über die Giltigkeit der von Häretikern gespendeten Taufe, wurde dieser Quell des Taufwassers und sein Ursprung aus dem einen Felsen als der Typus der Quelle und Einheit des Glaubens, der Sacramente und der Kirche hingestellt. So frägt der hl. Cyprian im Briefe an den Bischof Jubaianus (*ep.* LXXIII, Migne, *PP. lat.* III col. 1116): „quo venturus est qui sitit, utrumne ad haereticos, ubi fons et fluvius aquae vitalis omnino non est, an ad Ecclesiam, quae una est super unum, qui et claves eius accepit, Domini voce fundata?" Und diejenigen, die die Giltigkeit der Taufe der Häretiker bestritten, beriefen sich auf die Prärogative *Petri*, „auf den das Fundament der Kirche gelegt ist", sowie auf die Einheit des Felsens und der Taufe. Schon diese Erwägungen allein deuten uns an, warum auf einigen Monumenten über der das Quellwunder vollziehenden Figur PETRVS geschrieben steht. Petrus ist es also, der aus dem Felsen die *Wasserströme des Glaubens und der Gnade* schlägt, um mit ihnen *das in der Wüste der Welt schmachtende*

---

[1] Eine interessante Ausnahme bildet ein ravennatischer Sarkophag, auf welchem Paulus von dem Herrn die Rolle empfängt. Der Grund davon ist, dass Petrus bereits die *claves regni caelorum* erhalten hat, die er in verhüllten Händen trägt. Wir werden also hier die Berufung des Völkerapostels zu erkennen haben. Die Uebergabe der Schlüssel erscheint noch auf vier gallischen und zwei römischen Reliefbildern (Le Blant *Sarcoph. d'Arles* II. 1; *Sarcoph. de la Gaule* XII. 1; LIII. 2; LVI. 1. Garrucci V, 340. 2; 313. 3; 310. 5); ein noch unbekanntes Sarkophagfragment habe ich jüngst für das Museum des Campo Santo erworben.

[2] Lib. Pontif. ed. *Duchesne* I, 2.

[3] Vergl. darüber auch S. 59.

§ 10. Das Quellwunder des Moses.

Volk zu tränken. Hierzu befähigten ihn nicht bloss seine eben erörterten Beziehungen zu der Person des Moses, sondern auch diejenigen, welche zwischen ihm, als dem *Grundsteine der Kirche*, und dem Felsen, aus welchem die Gnadenquelle fliesst, bestehen. Hören wir, was darüber Maximus von Turin in einer *Homilie* sagt, die er „in natali beatissimorum Petri et Pauli Apostolorum" *an das Volk* gehalten hat [1]: „Petro Christus Dominus communionem sui nominis libenter indulsit; ut enim sicut apostolus Paulus edocuit, petra erat Christus, ita per Christum Petrus factus est petra dicente ei Domino: ‚Tu es Petrus et super hanc petram aedificabo ecclesiam meam'. Nam sicut in deserto dominico sitienti populo aqua fluxit e petra, ita universo mundo perfidiae ariditate lassato de ore Petri fons salutiferae confessionis emorsit."
Im Folgenden verherrlicht der Redner die Hirtensorge, die der Apostelfürst der ihm anvertrauten Heerde angedeihen lässt, sowie seine Wachsamkeit für die Reinerhaltung des Glaubens (pasce oves meas — confirma fratres).

Die Prärogative des Felsens und des Quells ging von Petrus auf seine Cathedra bezw. auf die römische Kirche, die Besitzerin dieser Cathedra über. Von einigen afrikanischen Häretikern, die sich nach Rom begeben hatten, um „dort ihre lügnerische Waare einzuführen", schreibt mit Entrüstung Cyprian: „. . . (Romam) navigare audent et ad Petri cathedram atque ad ecclesiam principalem, unde unitas sacerdotalis exorta est, a schismaticis et profanis literas ferre, nec cogitare eos esse Romanos, quorum fides apostolo praedicante laudata est, ad quos perfidia habere non possit accessum [2]. Und unter den Allegorien, die derselbe Kirchenlehrer zur Illustration der Einheit der Kirche vorbringt, ist auch die von dem Quell: „quomodo solis multi radii, sed lumen unum, et rami arboris multi, sed robur unum tenaci radice fundatum, et cum de fonte uno rivi plurimi defluunt, numerositas licet diffusa videatur exundantis copiae largitate, unitas tamen servatur in origine . . . A fonte praecide rivum, praecisus arescit. Sic et ecclesia Domini . . . profluentes largiter rivos latius expandit. Unum tamen caput est, origo una." [3] Optatus von Mileve führt ein Jahrhundert später gegen die Donatisten den Quell als ein Merkmal der einen wahren Kirche auf: „nam et fontem constat unam esse de dotibus (ecclesiae), unde haeretici non possunt vel ipsi bibere vel alios potare"; und weiter unten ruft er denselben Donatisten zu: „Intelligite vel sero vos esse . . . ramos fractos ab arbore, vos esse abscissos palmites a vite, vos rivum concisum a fonte." Als die erste dos der wahren Kirche hatte er die *Cathedra Petri* erwähnt; diese bilde gleichsam den ersten Ring in der Kette der Einheit, welche die Bischöfe unter einander und alle zusammen mit den Nachfolgern Petri verbindet: „igitur de dotibus (ecclesiae) . . . cathedra est . . . prima, quam probavimus per Petrum

---

[1] *Homil.* LXVIII ed. Migne, *PP. lat.* LVII, col. 394.
[2] *Ep. ad Cornelium*, ed. Migne, *PP. lat.* III, col. 818 sqq.
[3] *De unitate eccles.* c. v., ed. Migne, *PP. lat.* IV, col. 501 sq.

nostram esse (durch seine Gemeinschaft mit dem römischen Bischof, dem Nachfolger Petri), ... et per cathedram Petri, quae nostra est, ... et caeteras dotes apud nos esse"[1].

Deshalb nennt Innocenz I. in dem Briefe an das Concil von Carthago den Stuhl Petri „fontem natalem, unde aquae cunctae procedunt et per diversas totius mundi regiones puri latices capitis incorrupti manant" (Migne, *PP. lat.* XX, col. 583). Die gleiche Redeweise finden wir in dem Schreiben der fünf afrikanischen Bischöfe an Innocenz I., in welchem sie die Irrlehre des Pelagius auseinandersetzen und verurtheilen; zum Schlusse erklären sie: „Non rivulum nostrum tuo largo fonti augendo refundimus: sed ... utrum etiam noster licet exiguus ex eodem, quo etiam tuus abundans, emanat capite fluentorum, hoc a te probari volumus, tuisque rescriptis de communi participatione unius gratiae consolari" (l. c. col. 582).

Die angeführten Stellen mögen genügen, um zu zeigen, in welcher Weise das Alterthum *das Quellwunder des Moses* gedeutet und verwendet hat. Mit diesen **schriftlichen** Zeugnissen stehen, wie wir schon sahen, die Monumente im vollsten Einklang: so die Reliefbilder der Sarkophage, welche **Petrus mit dem Stabe des Moses** darstellen; so die drei Gläser, auf denen wir bei der Figur, die mit dem Stabe Wasser aus dem Felsen schlägt, nicht Moses, sondern Petrus lesen; so endlich die Darstellungen dieses Wunders in den sogen. Sacramentskapellen, zumal in den beiden Kammern A² und A³, wo es mit Scenen, die sich auf die Taufe beziehen, aufs **engste verbunden ist** (in A³ folgen ihm unmittelbar der Fischer, die Taufhandlung und der Gichtbrüchige; in A² wird der Fisch aus dem Wasser, das aus dem Felsen geflossen ist, an der Angel herausgezogen); dadurch hat der Künstler deutlich gezeigt, dass er in dem Quellwunder **nicht den historischen Vorgang,** sondern eine **ideale, symbolische Scene** vorführen wollte[2]. Bei einer solchen Uebereinstimmung der Monumente mit den gleichzeitigen Schriftstellern „glauben wir nicht irre zu gehen, wenn wir in der Darstellung des Quellwunders eine höchst bedeutsame Documentirung der Lehre vom Primat Petri und der römischen Kirche erblicken."[3]

---

[1] *De schismate Donat.* l. II, c. 9, ed. Migne, *PP. lat.* XI, col. 958. 961 sq.

[2] Die Darstellungen der sogen. Sacramentskapellen behandeln wir ausführlich auf S. 58 ff. im Zusammenhange mit zwei **homogenen** Monumenten: dem Inschriftenpaare des Abercius und Pectorius.

[3] Mit diesen Worten schliesst Kraus seinen Abschnitt über den „Mose-Pietro" in der *Real-Encykl.* (II, 431). Hinc illae lacrymae! Dieses ist der Grund der Abneigung Schultze's und Hasenclevers sowie der übrigen „neuesten Katakomben-Schriftsteller" vor der „merkwürdigen Exegese" des Quellwunders! Wenn übrigens diese Forscher noch einmal darauf zurückkommen, so mögen sie, um mit all' den unbequemen Zeugen der Wahrheit ein für alle Mal aufzuräumen, dreist und unverdrossen behaupten, dass die Väterstellen ein „späteres Einschiebsel eines Abschreibers" und die Monumente mit den Namen Petrus von demselben unaufmerksamen „Kunsthandwerker" verfertigt oder gefälscht seien: dann wird auch der Laie über ihre wahre Absicht nicht im Unklaren sein.

§ 17. Die Anbetung der Magier.

Begleiten wir nun Hasenclever „zu den Scenen des Neuen Testaments, welche sich auf den Grabgemälden finden" und „deren es im ganzen nicht viele sind" (S. 222)! „Ihr Kreis ist erst im Schmuck der Sarkophage erweitert worden." Hasenclever geht hier chronologisch zu Werke: „Nach der Zeitfolge des Lebens Jesu werden wir zuerst auf die Darstellung der **Anbetung der Magier** zu achten haben."[1] Nun folgt eine ganz eigenartig lakonische Beschreibung der Magier: „Dieselben werden in orientalischer Kleidung dargestellt, einer mit der phrygischen Mütze auf dem Haupte"! Vor der symbolischen Auslegung dieser Scene warnt Hasenclever; „denn sucht man einmal symbolische Beziehungen, dann gibt es keine Grenzen für die Willkür der Auslegung". „Wahrscheinlich", meint er, „haben auch hier antike Vorbilder eingewirkt. Die Mutter mit dem Kinde stand in den Bildwerken der Demeter, welche den Knaben Jacchos trägt, vor Augen (vgl. Gerhard, antike Bildwerke, Taf. 96). Ausserdem finden sich in der antiken Kunst mannigfache Votivsteine, welche ganz ähnliche Scenen, wie die der Anbetung durch die Magier darstellen, besonders solche der Demeter, welche Figuren, Fruchtkörbe, Schalen oder Kästchen darbringen (ib. Taf. 98 [verbess.: 99])".

Diese zwei Citate sind in hohem Grade einer Correctur bedürftig: 1) es handelt sich nicht um Bildwerke „der **antiken Kunst**"; 2) nicht um „**Votivsteine**"; 3) nicht um Votivsteine mit „**ähnlichen Scenen**"; 4) nicht um „**Scenen** ...**, welche hinzuschreitende Figuren** ... **darbringen**"; sondern es handelt sich um **archaistische, kleine Thonfiguren aus Paestum**, welche in der Zeit, als die „Scenen der Anbetung durch die Magier" dargestellt wurden, **kaum noch einem Archäologen bekannt sein konnten**. Um zu zeigen, wie wenig Verständniss Hasenclever für's Alterthum besitzt, habe ich aus den citirten „antiken Vorbildern" eine solche *Anbetungsscene* zusammengestellt und biete sie auf Taf. II. n. 4. 4ᵃ. 5. Wir sehen die auf einem Lehnsessel thronende *Demeter Kurotrophos* und zwei ihrer *eleusinischen Priester*; der eine trägt in ganz zutraulicher Weise auf beiden Händen ein nach oben blickendes Schwein, der andere eine Schale mit Früchten in der linken, und in der Rechten das nämliche Hausthier. Dieses pflegte, wie bekannt, der Demeter wegen seiner Fruchtbarkeit besonders geopfert zu werden. Wir enthalten uns eines fernern Commentars, denn jedes weitere Wort von unserer Seite würde nur den Eindruck abschwächen, den die Zeichnung der drei Thonfiguren selbst hervorruft, welche — wir wiederholen es noch einmal — nach Hasenclever *Typen der Adoratio Magorum* sein sollen[2].

In ähnlicher Weise werden auch die Scenen „aus der **Leidensgeschichte Jesu**", sowie jene der „**Heilung des Blinden**" und „**Gichtbrüchigen**"

---

[1] Dass es auch Scenen der Annunciatio gibt, scheint Hasenclever demnach nicht zu ahnen.
[2] Für die Monumente mit der Darstellung der Anbetung der Magier verweisen wir auf Liell's Werk: *Die Darstellungen der allerseligsten Jungfrau ... Maria auf den Kunstdenkmälern der Katakomben* S. 224—307.

von Hasenclever abgeforscht. Die „Dornenkrönung" „der Prätextatkatakombe (bei Garr. t. 35, 1 [verbess.: II, 39. 1])" scheint ihm „wenig wahrscheinlich"; er ist der Meinung, „dass hier auf den Märtyrertod des Begrabenen hingedeutet sein soll. Dazu stimmt die Darreichung des grünen Zweiges, wie die Taube des Friedens" (S. 224). Was würde Hasenclever ausgerufen haben, wenn „ein römischer Archäologe" so etwas in diese Darstellung „hineingeheimnisst" hätte!

§ 18. Die Scenen der Heilungen.

Die Gemälde der Blindenheilungen wurden nach Hasenclever „möglicherweise durch individuelle Verhältnisse" „geschaffen": „vielleicht haben wir hier ein Beispiel von der Entstehung eines Grabbildes durch den Umstand, dass diese Bilder wie die antiken Votivbilder gewählt wurden, weil Christen für die bezüglichen Gebrechen Heilung durch ihr Gebet zum Herrn gefunden zu haben glaubten. Auch mag die hier begrabene Person vielleicht blind gewesen sein." Vielleicht, fügen wir zur Vervollständigung der „individuellen Verhältnisse" hinzu, ruhte in dem betreffenden Grabe ein *berühmter Oculist!* Dieselben Möglichkeiten lassen sich, mutatis mutandis, selbstredend auch bei den übrigen Heilungen wiederholen.

„Die Beziehung, welche de Rossi (Roma sott. II, 334) und ihm nachfolgend Münz (Real-Encykl. I, 604) dem Bilde von der Heilung des Gichtbrüchigen geben, als sei derselbe gemäss Tertullian De bapt. 9 ein symbolischer Hinweis auf die Taufe, scheitert ... an dem Umstand, dass Tertullian an dieser Stelle die Heilung des Kranken am Teiche Bethesda im Auge hat, während auf den Gräbern immer die Erzählung Matth. 9, 1—8 dargestellt ist. Für letztere hat jene symbolische Beziehung gar keinen Sinn."[1]

So will Hasenclever, dessen geringe Kenntniss der Monumente jede Seite seines Buches zeigt, de Rossi durch Monumente widerlegen! Er erreicht aber das Gegentheil. Zunächst spricht Tertullian von der Heilung des Gichtbrüchigen und ihrer symbolischen Bedeutung nicht im *neunten* Kapitel, wie Münz sagt und Hasenclever ihm nachschreibt, sondern im fünften (Migne, *PP. lat.* I, col. 1205 sq.); sodann zeigen uns die Monumente den Gichtbrüchigen, wie er geheilt sein Bett trägt, also den Schlussact des Wunders; dieser ist aber bei den evangelischen Berichten von den zwei Heilungen (Matth. 9, 6 f.; Joh. 5, 8 f.) fast der gleiche: „Surge, tolle lectum tuum et vade in domum tuam. Et surrexit et abiit in domum suam" und: „Surge, tolle grabatum tuum et ambula. Et statim sanus factus est homo ille; et sustulit grabatum suum et ambulabat." Mit welchem Rechte konnte nun Hasenclever behaupten, dass „auf den Gräbern immer die Erzählung Matth. 9, 1—8 dargestellt" sei, nachdem nur bei Joh. 5, 8 f. ausdrücklich gesagt wird, dass der Geheilte sein Bett mit sich nach Hause trug?

[1] Vergl. darüber S. 59 Anm. 1.

§ 19. Die klugen und thörichten Jungfrauen.

"Auffallend" erscheint es Hasenclever (S. 223), "dass die Christen den Parabelkreis des Neuen Testaments in ihren Bildern gar nicht verwerthet hatten, denn die einzige Ausnahme, die Darstellung der klugen und thörichten Jungfrauen, ist wegen des Nimbus, den Christus auf diesem Bilde trägt, so spät, dass es wenigstens für den vorconstantinischen Gräberschmuck nicht in Betracht kommt."

Hasenclever scheint diese Parabel besonders zuwider zu sein, daher verwirft er ihre Anwendung auf ein ostrianisches Gemälde und zieht sie, mit sich selbst im Widerspruch, bald auch bei demjenigen in S. Ciriaca in Zweifel, indem er (S. 224) sagt, dass dieses "angeblich das Gleichniss von den zehn Jungfrauen darstellen soll". Warum er gegen diese Deutung ist und was er hier abgebildet sieht, verschweigt er; bezüglich des ostrianischen Bildes ist er dagegen mittheilsamer. Er schreibt: "Man hat allerdings auch ein älteres Bild in einem Arcosolium in St. Agnese" (verbess.: *im Ostrianum*) "hierher gezogen (Garr. t. 64, 2), aber es ist doch nicht zu erweisen, dass die fünf fackeltragenden Gestalten jenes Gleichniss darstellen sollen, die thörichten Jungfrauen, sowie Christus fehlen gänzlich. Dass es dieser Gestalten gerade fünf sind, scheint zufällig und durch den Raum, der ganz ausgenutzt ist, bedingt zu sein."

Wie unbedacht! Hier verlangt Hasenclever "Christus und die thörichten Jungfrauen", dort, bei dem Bilde von S. Ciriaca hat er beides und sucht dennoch die Deutung in Frage zu stellen! Ferner übersieht er, dass die "fünf fackeltragenden Gestalten" nur ein Theil einer grösseren Scene sind; denn links gegenüber sehen wir fünf andere weibliche Gestalten beim Mahl, und zwischen diesen beiden Gruppen eine Orante, das Symbol der Verstorbenen. Links sind also die fünf klugen Jungfrauen beim Hochzeitsmahl, rechts die fünf thörichten, welche gemäss den Worten des Evangeliums bei ihrer verspäteten Ankunft das Hochzeitsgemach verschlossen fanden.

Hören wir nun, wie Hasenclever das Bild deutet: "Das Grab ist allem Anscheine nach das einer jungen Frau — die Inschrift nennt sie Laurentia, das Mittelbild trägt ihr Portrait —, das beigesetzte Mahl mag auf die Hochzeit, die sie eben gefeiert, und die fünf Gestalten auf die Brautjungfern, die sie dabei geleitet, hindeuten. Was Münz von 'Gott geweihten Jungfrauen' u. dgl. redet, ist bare Willkür und hat in dem Bilde selbst nicht den geringsten Anhaltspunkt." — Hasenclever erkannte selbst die Haltlosigkeit seiner Erklärung; um ihr daher eine Stütze zu verleihen, ersann er die Existenz einer Inschrift der "jungen Frau Laurentia"! Dieses ist "bare Willkür".

So haben wir das "völlig neue Licht" Hasenclevers zur Genüge kennen gelernt; wir sind, um gelinde zu reden, zu dem Urtheile berechtigt, dass sein Werk über den "altchristlichen Gräberschmuck" das Product einer schrankenlosen Phantasie ist, die mit einer staunenerregenden Unkenntniss der behandelten Monumente Hand in Hand geht. Wenn daher Hasenclever in der „Vorrede" feierlich versichert, dass er „angesichts der Monumente das Material zu dieser Arbeit sammeln konnte", so ist das so zu verstehen, dass er hierzu in Rom die Gelegenheit gehabt hat, diese aber unbenutzt vorübergehen liess; dagegen glauben wir aufs Wort der Erklärung, in welcher er „nicht ohne ein gewisses Zagen" seine „Studien" als „den Ertrag der spärlichen Mussestunden eines umfangreichen Pfarramtes" hinstellt.

Gehen wir nun zu den Forschungen über, welche Dr. Hans Achelis in seiner Schrift: *Das Symbol des Fisches und die Fischdenkmäler der römischen Katakomben* niedergelegt hat.

Zweiter Theil.
Achelis und das Symbol des Fisches.

Erster Abschnitt.
Vorbemerkungen über die literarischen Hilfsmittel Achelis'.

Wir heben zunächst einige Sätze aus der „Einleitung" heraus, in denen Achelis uns mittheilt, warum er sich zu der Abfassung seiner Schrift über „das Symbol des Fisches" entschlossen und über welche literarische Mittel er hierbei verfügt hat.

„Das Fischsymbol ist, wenn auch nicht bei den Katakombenkünstlern, so doch bei den Katakombenforschern, das beliebteste christliche Symbol gewesen, um dessen Erforschung man sich seit drei Jahrhunderten in den zusammenfassenden Werken und sogar in Monographieen besonders bemüht hat." „Trotzdem darf man vielleicht sagen, dass der Weg, der hier allein zum Ziele führen kann: eine methodische Untersuchung" der Fischdenkmäler und der auf sie bezüglichen Aussprüche der alten Kirchenschriftsteller, „bis jetzt noch nicht eingeschlagen wurde" (S. 2). Achelis hat es übernommen, diese Lücke auszufüllen; fürwahr eine dankenswerthe Aufgabe. War er ihr gewachsen? Die Katakomben Roms, die Hauptstätte der christlichen Alterthumskunde, hat er nie betreten; er kennt sie und ihre Monumente nur aus den Werken. Und wie ist es mit den literarischen Mitteln bei ihm bestellt? Am Schlusse der Einleitung (S. 5) sagt er: „Die Literatur über den Fisch habe ich, soweit sie mir erreichbar war, ohne Ausnahme in Erwägung gezogen", und auf S. 3 lesen wir das Geständniss, dass „die ältere Literatur ... über den Fisch ... mit wenigen Ausnahmen" ihm „nicht erreichbar" gewesen ist. Mit Väterstellen versah ihn reichlich Pitra's Aufsatz im III. Bande des *Spicilegium Solesmense*: „IXΘYC sive de pisce allegorico et symbolico", welchem de Rossi's Erstlingsarbeit: „de christianis monumentis IXΘYN exhibentibus" beigefügt ist. „Leider" (sic!) war es Achelis „nicht möglich, zu sagen, wieviel von den" in diesen zwei Aufsätzen „ausgesprochenen Resultaten eigenes Verdienst der Verfasser ist, und wieviel sie etwa aus den Arbeiten ihrer Vorgänger übernahmen". Trotzdem konnte er nicht umhin, seiner Forschung „das dort gesammelte Material zugrunde zu legen" (S. 3)[1].

---
[1] Was unter dem Ausdruck „zugrunde legen" hier zu verstehen ist, wird der Verlauf unserer Arbeit lehren.

„Was die Monumente anlangt" (S. 4), so glaubt er, sich „bei den Grabplatten auf die von F. Becker behandelte beschränken zu müssen", obwohl ihm „wohl bekannt war, dass seitdem eine Anzahl neuer Fischmonumente aufgefunden wurde". Da ihm „aber nicht alle Zeitschriften, in welchen solche Funde publicirt zu werden pflegen, zugänglich waren, und bei den vorhandenen ungenaue Angaben häufig ein sicheres Urtheil nicht gestatteten, ob das betreffende Monument schon von Becker aufgeführt wurde oder nicht" (!), so hielt er „diese Beschränkung für geboten". Beckers Schrift: „Die Darstellung Jesu Christi unter dem Bilde des Fisches" erschien zum ersten Mal im Jahre 1866, und in zweiter, unveränderter Auflage im Jahre 1876; Achelis nennt sie selbst eine populäre Bearbeitung des eben erwähnten Aufsatzes de Rossi's über den IΧΘΥC. Dadurch entzieht er ihr den wissenschaftlichen Werth und stellt, ohne es zu wollen, für seine eigene Arbeit ein übles Prognosticon auf[1]. Achelis behandelt also „nur die bis zum Jahre 1866 bekannten Grabplatten".

„Dagegen die in" seinen „Bereich gehörigen Gemälde" glaubt er „vollzählig angeführt zu haben". Den bisher „üblichen" Gebrauch, „bei den Untersuchungen über die Fischsymbolik eine Anzahl von geschnittenen Steinen, Lampen, Gläsern, Amuletten u. dergl. herbeizuziehen", gibt er als etwas überflüssiges auf; denn „diese Gegenstände lassen sich einmal nur in den seltensten Fällen auch nur annähernd datiren, und dann hat bei solchen Werken der Kleinkunst der decorative Zweck der Darstellungen so sehr das Uebergewicht, dass sich aus ihnen schwerlich etwas Sicheres über die Symbolik entnehmen lässt" (S. 4 f.)[2].

Becker hat in seiner Schrift die Sarkophage fast gar nicht berücksichtigt; die Ursache davon wird wohl der Mangel an einer geeigneten Publication dieser Monumente gewesen sein. Achelis kann sich damit nicht entschuldigen, da der fünfte Band Garrucci's *Storia dell' arte cristiana*, der die „Sculture cimiteriali" enthält, bereits im Jahre 1878 erschienen ist. In diesem Werke finden sich gegen 19 römische Sarkophage mit Darstellungen von „Fischscenen", die in einer Arbeit über die „Fischdenkmäler der römischen Katakomben" nicht fehlen durften.

Unter solchen Auspicien eröffnet sich eine sehr bedenkliche Perspective auf die Resultate der Achelis'schen Forschungen.

Achelis zerlegt seine Arbeit in zwei fast gleiche Theile; im ersten behandelt er den „Fisch bei den Kirchenvätern der ersten fünf Jahrhunderte" (S. 6—54); im zweiten „die Fischdenkmäler der römischen Katakomben" (S. 54—110). Gehen wir nun auf das einzelne näher ein.

---
[1] Wir fühlen uns nicht veranlasst, hier über ein Werk zu urtheilen, das vor 22 Jahren erschienen ist. Angenehm berührte uns die Pietät, mit der Becker das christliche Alterthum behandelt; dann gibt er schon auf der zweiten Seite seinem Glauben an Christus in warmen und begeisterten Worten Ausdruck; dazu weiss er die Forschungen de Rossi's zu schätzen und nicht selten auch richtig zu verwerthen. Alles dieses wird ihm wohl in erster Linie jene Makel der „Popularität" eingetragen haben.
[2] Vergl. dagegen S. 62 f.

Zweiter Abschnitt.
Achelis' Beurtheilung der auf den ΙΧΘΥΣ bezüglichen „Väterstellen".

Schon in der „Einleitung" (S. 4) erhebt Achelis gegen Pitra den Vorwurf, dass dieser „bei der Sammlung der Stellen der Kirchenväter unnöthige Mühe aufgewendet" habe. Mit grösserem Rechte trifft daher dieser Vorwurf auch ihn selbst; denn er stellt gleich zu Anfang (S. 6 ff.) eine grosse Anzahl von „Väterstellen"[1] zusammen, „die keinen Einfluss auf die Bilder der Katakomben ausgeübt haben können" (S. 9). Zur Charakteristik dieser Auswahl mögen hier einige Deutungen folgen: Theodoret sieht in den Fischen bald die „armen", bald die „ungläubigen Menschen"; Arnobius die „tiefen Denker"; Cyrill von Alex. die „unbedachtsame Menge" oder solche, die sich „gegenseitig zu verschlingen trachten"; Hieronymus die „dummen, unverständigen Menschen" u. s. w. Man merkt hier deutlich die Absicht Achelis': dem Leser soll eine möglichst geringe Meinung von den alten Kirchenschriftstellern beigebracht werden! Eine solche Meinung braucht nämlich Achelis nothwendig für die Forschungen, die er an den „Väterstellen" vornimmt. Die erste, die seiner „Kritik" anheimfällt, ist die für die Symbolik wichtige Stelle des Clemens von Alex. (Paedag. III, 11): Αἱ δὲ σφραγῖδες ἡμῖν ἔστων πελειὰς ἢ ἰχθὺς ἢ ναῦς οὐριοδρομοῦσα ἢ λύρα μουσική, ᾗ κέχρηται Πολυκράτης, ἢ ἄγκυρα ναυτική, ἣν Σέλευκος ἐνεχαράττετο τῇ γλυφῇ· κἂν ἁλιεύων τις ᾖ, ἀποστόλου μεμνήσεται καὶ τῶν ἐξ ὕδατος ἀνασπωμένων παιδίων. Im Folgenden nennt Clemens noch andere Zeichen, welche die Christen aus naheliegenden Gründen (Idololatrie und Immoralität) selbstverständlich nicht anwenden durften. Der Grund, warum Clemens die fünf Zeichen (Taube, Fisch, Schiff, Leier und Anker) als Embleme für die Siegelringe empfiehlt, ist nach Achelis „nur der, dass Clemens eben gegen sie nichts einzuwenden hat, und da belässt er die Gemeinde in deren Gebrauch" (S. 12). An christliche Symbole sei nicht zu denken; denn „die πελειάς" (wilde Taube) „ist wohl ein ganz bedeutungsloses Bild"[2] und „die Leyer lässt auf Musikliebhaberei schliessen", während die drei übrigen „maritime Embleme" sein sollen. Kein Wunder auch, dass Clemens gerade auf solche Zeichen verfallen sei; „denn in einer Seestadt wie Alexandrien ist es natürlich, dass ein grosser Theil der niedern Bevölkerung" (schrieb Clemens seinen *Paedagogus* nur für diese?) „von Schifffahrt und Fischfang lebte, und ebenso natürlich ist es, dass diese Leute, soweit sie ein Petschaft führten, ein maritimes Emblem darauf abgebildet hatten" (S. 12). „Dass diese selben Zeichen" (Taube,

---

[1] Siehe oben S. 6, Anm. 2.

[2] Πελειάς, lat. palumbes, bezeichnet allerdings die „wilde Taube"; daraus folgt aber nicht, dass sie ein „bedeutungsloses Bild" ist; denn sowohl palumbus (a) wie die Deminutivform palumbulus (a) lesen wir auf den Epitaphien in der bekannten Verbindung palumbulus sine felle), als dagegen columba sine felle (vergl. S. 79 und de Rossi, *Roma Sott.* II, 311 sq.; dens. *Bullettino di archeol. crist.* a. 1868 p. 7). Die Leyer ist kein selbständiges Symbol; wir sehen sie nur in den Händen des Orpheus.

Fisch, Anker) „... in den Katakomben den Werth von Symbolen haben", hält Achelis für einen Zufall, der sich dadurch erklärt, „dass es eben so einfache Bilder sind, die überall und zu allen Zeiten in mannigfachster Art verwandt worden sind". Hieraus zieht er dann folgenden Schluss: „Aber gerade der Umstand, dass dem Clemens die Katakombensymbole und auch das Fischsymbol unbekannt sind, verleiht dieser Stelle eine grosse Bedeutung für die Fischsymbolik" (S. 14 f.). Also weil nach Achelis diese „einfachen Zeichen" keine Symbole sind, ist Clemens mit den Katakombensymbolen unbekannt, und haben gerade deswegen seine Worte für die Fischsymbolik eine grosse Bedeutung! Worin dieselbe besteht, verschweigt Achelis, und wir sehen keine Nothwendigkeit, ihr auf die Spur zu kommen; uns interessirt nur die Anklage des Clemens auf Unkenntniss der in seinen Tagen schon allgemein verbreiteten Symbolik [1]. Ist es denn wirklich wahr, dass Clemens so unwissend gewesen ist? Wir meinen fast, dass selbst Achelis davon nicht ganz überzeugt war; denn er hebt besonders hervor, dass Clemens den Fischern empfohlen habe, „beim Anblick ihrer Siegelringe an den Apostel, der auch Fischer [2] war, ... und an die Kindertaufe zu denken". „Er begnügt sich also", fügt Achelis erklärend hinzu, „nicht damit, seinen Christen nur unschuldige Bilder für ihre Siegelringe zu gestatten, sondern er gibt ihnen für einen Theil derselben christlich-erbauliche Gedanken an die Hand" — das heisst mit anderen Worten: er gibt ihnen wirkliche Symbole! Darin besteht ja das Wesen des Symbols, dass es „nicht seiner selbst wegen dargestellt ist, sondern auf einen andern Gedanken hinweisen soll, der von dem dargestellten Object zwar verschieden ist, aber doch, sei es in natürlicher, sei es in conventioneller Beziehung zu ihm steht" [3]. Welches von den fünf Zeichen den Gedanken an den Apostel und die Taufe wachrufen sollte, sagt Clemens nicht; er konnte diejenigen im Sinne haben, die Achelis noch oft genug als Embleme des Fischerhandwerks" vorführen wird (Schiff, Anker, Fisch); eine solche Interpretation wäre aber gesucht, und würde in die Worte: κἂν ἁλιεύων τις ἦ κ. τ. λ. vielleicht mehr hineinlegen als ihnen zukommt. Wir übersetzen sie: „wenn einer (unter euch) Fischer ist, der gedenke des Apostels ... und der aus dem Wasser gezogenen Kinder" — nämlich bei der Ausübung seines Handwerks, so oft er das mit Fischen gefüllte Netz ans Land zieht [4]. Dem Clemens schwebte hier also offenbar der Gedanke an die „Menschenfischer" vor, insbesondere an den Menschenfischer per eminentiam — an Petrus [5], sowie an

---

[1] Siehe weiter unten S. 55.
[2] Für die „befremdende Einzahl" verweisen wir Achelis auf § 16 S. 23 ff.
[3] Kraus, *Roma Sott.* S. 234.
[4] Hasenclever (a. a. O. S. 109) glaubt, dass Clemens mit jenen Worten Siegelringe mit dem Zeichen eines Fischers empfohlen habe, — eine Deutung, die gegen die primitivsten Interpretationsregeln verstösst.
[5] Einem ähnlichen Gedanken begegnen wir bei Paulinus von Nola, welcher in einem Briefe an den Bischof Delphinus, der ihn getauft hat, folgendes schreibt: „Meminerimus nos ab utero terrae et cognationis nostrae segregatos, Delphini filios esse factos, ut efficeremur

2. Achelis' Beurtheilung der auf den ΙΧΘΥC bezüglichen „Väterstellen".

die „Fischlein, die im Wasser geboren werden" — die Neophyten[1]. Wenn nun Clemens einer solchen symbolischen Auffassung des Fischerberufes fähig war, so dürfen wir getrost annehmen, dass er auch die zu seiner Zeit schon allgemein verbreiteten Symbole (Anker, Fisch, Taube) kannte. Es ist allerdings wahr, dass er sich dieser Kenntniss an der obigen Stelle nicht rühmt; das gibt aber Achelis noch kein Recht, ihn einer Ignoranz zu beschuldigen.

Nicht viel glücklicher ist Achelis in der Besprechung der Stelle Tertullians (de bapt. c. I, ed. Migne, *PP. lat.* I, col. 1198 sq.): „Sed nos pisciculi secundum ΙΧΘΥΝ nostrum Jesum Christum in aqua nascimur, nec aliter quam in aqua permanendo salvi sumus." Um seinen Commentar besser würdigen zu können, müssen wir auf eine Anmerkung (S. 10) zurückgreifen, in der Achelis de Rossi zurechtweisen will. Letzterer beruft sich (*Roma Sott.* II, 333) für die Bezeichnung der Christen als „Fische" auf die eben citirte Stelle Tertullians. Dieses sei jedoch nach Achelis nicht statthaft; denn „der Zusammenhang dieser Worte", so Achelis in jener Anmerkung, „zeigt deutlich, dass Tertullian in dieser Bezeichnung der Christen als pisciculi nicht einer geläufigen Symbolik folgt, sondern dass dies ein augenblicklicher Einfall von ihm ist. Eine Quintilla aus der Cajanischen Secte hatte, wie er oben vorher sagt, die Wassertaufe angegriffen, und ihrer Lehre gegenüber bringt Tertullian in diesem Schlagwort die enge Beziehung der Christen zur Taufe zum Ausdruck. Er nennt Quintilla eine Viper, und beweist das Treffende dieses Vergleiches damit, dass alle Schlangen eine Vorliebe für das Dürre und Wasserlose hätten; ihr gegenüber seien die Christen Wasserthiere. Ferner ist ihm die Bezeichnung Christi als ΙΧΘΥC bekannt; und Christo folgen die Christen in der Taufe und in ihrer dadurch entstehenden Fischnatur nach. Durch diese Beziehungen entsteht dem Tertullian hier das Bild der Fischlein für die Christen, und dadurch wird die Annahme unmöglich, dass er hier nur eine gebräuchliche symbolische Verbindung der Fischlein und der Christen zum Ausdruck bringt. Ein solcher beiläufiger Gedanke eines Schriftstellers kann aber nie massgebend sein für die Interpretation von Katakombenbildern. Mit demselben Rechte könnte man alle oben erwähnten Deutungen herbeiziehen" — nach welchen, wie wir (S. 39) sahen, der Fisch bald die Dummen, bald die Geizhälse u. s. w. versinnbilden soll.

Wir wollen Achelis die letzte Uebereilung zugute halten, bestreiten aber, dass die Bezeichnung der Christen als pisciculi „ein augenblicklicher Einfall" Tertullians sei. Nachdem Christus die Apostel Menschenfischer genannt hatte, bedurfte es sicherlich keiner „complicirten Gedanken-

---

illi pisces, qui perambulant semitas maris. Meminerimus te non solum patrem, sed et Petrum nobis esse factum: quia tu misisti hamum ad me de profundis et amaris huius saeculi fluctibus extrahendum, ut captura salutis efficerer: et cui vivebam, naturae morerer; ut cui mortuus eram, viverem Domino. Sed si placis tuus sum" etc. (*ep.* XXI, Migne, *PP. lat.* LXI, col. 249 sq.). Der Ausdruck Delphini filios enthält ein Wortspiel mit dem Namen des Bischofs Delphinus und dem Symbol Christi.

[1] So Tertullian in der bald zu erwähnenden Stelle.

verbindung", um die Christen mit Fischen zu vergleichen; die „Ideenassociation" zwang jeden irgendwie denkfähigen Menschen zu einer solchen Schlussfolgerung. Dass diese denn auch von hervorragenderen Geistern gezogen wurde, beweisen die folgenden (analogen) Ausdrücke für Christen: filius IXΘYC. ἰχθύς ἁγνός, ἰχθύος οὐρανίου θεῖον γένος, Dolphini filius u. a. m.[1] Es darf uns demnach nicht befremden, dass auch Tertullian die Christen „pisciculi" genannt hat; durch diese Bezeichnung brachte er „nur eine gebräuchliche symbolische Verbindung der Fischlein und der Christen zum Ausdruck". Will also Achelis jenen „augenblicklichen Einfall" retten, so kann das nur durch das Geständniss geschehen, dass er selbst in seiner Anklage Tertullians einem „augenblicklichen Einfall" gefolgt ist.

Auf Grund des griechischen Wortes IXΘYC. das Tertullian in dem lateinischen Text der citirten Stelle beibehalten hat, „constatirt" Achelis im Commentar (S. 15) bei diesem Schriftsteller „eine Bekanntschaft mit der akrostichischen Fischsymbolik", „und zwar zeige die Art und Weise, in der er (Tertullian) die Symbolik hier einführt, dass die Kenntniss derselben schon in weitere Kreise gedrungen sein" müsse. Die folgenden Ausführungen bringen uns an die Wiege des IXΘYC-Symbols. Den ersten Christen, so dachte Achelis, war viel daran gelegen, einen Beweis für die Gottheit Christi zu besitzen. Wohl ohne langes Nachdenken fanden sie das Gewünschte in der „Jordanstaufe wegen der göttlichen Stimme, welche bei dieser Gelegenheit Christus als Gottes Sohn anerkannte" (Matth. 3, 17; Marc. 1, 11; Luc. 3, 22). Nun wurde, wie Tertullian sagt, Christus durch die Taufe „im Wasser geboren"; von keinem andern Wesen kann man aber dasselbe in einem höhern Maasse behaupten als von dem „Fische, diesem Wasserthiere κατ' ἐξοχήν". So ward der Fisch — das Symbol Christi! Mit dieser Acquisition hatte man aber noch nicht das Akrostich[2]. Es scheint sogar noch eine geraume Zeit verflossen zu sein; denn „man hatte längst die Ansicht über die Taufe Christi", „wonach diese beweisend für seine göttliche Natur ist", da erst wurde es „durch einen glücklichen Zufall" entdeckt: man fand nämlich, „wie schön dieser dogmatische Satz in dem Akrostich seinen Ausdruck findet, wo die Namen Christi Ἰησοῦς Χριστός zusammen mit dem Prädikat θεοῦ υἱός und dem σωτήρ oder vielleicht auch σταυρός als fünftem Wort den Namen eines Thieres bildet, das auch im Wasser seinen Ursprung hat" — nämlich Fisch, auf griechisch IXΘYC! „Gerade darin, dass eine dogmatische Ansicht und eine akrostichische Spielerei dasselbe Resultat lieferten, liegt die Bedeutung des Fischsymbols. Das Buchstabenspiel hätte kaum eine solche

---

[1] S. Hieron. ep. VII, Migne, PP. lat. XXII, col. 330; Inschrift von Autun; Hymnus des Clemens Alex., am Schlusse des Paedagogus; s. Paulin. Nol. ep. XX, Migne, PP. lat. LXI, col. 249 (s. S. 40, Anm. 5).

[2] Nach Schultze (Ueber den gegenwärtigen Stand der kirchl.-arch. Forschung, a. a. O. S. 305) „kommt Achelis zu dem Ergebnisse, dass das bekannte Akrostichon der Ausgangspunkt des Symbols sei, an welches sich dann bald weitere Beziehungen anknüpften". Es ist daraus ersichtlich, dass Schulze die Schrift Achelis' nur oberflächlich gelesen hat.

2. Achelis' Beurtheilung der auf den IΧΘΥC bezüglichen „Väterstellen".

Verbreitung . . . gefunden, wenn es nicht einen tieferen Sinn ergeben hätte; und auf Grund der dogmatischen Vorstellung allein wäre man kaum dazu gekommen, Christus geradezu Fisch zu nennen, also ein Symbol aufzustellen, wenn nicht das Akrostich dazu die Handhabe geboten hätte" (S. 51). Nach den letzten Worten Achelis' zu urtheilen, scheint der zeitliche Abstand zwischen der ersten und zweiten Entdeckung der alten Christen nicht allzu gross gewesen zu sein, da beide sich gegenseitig „die Handhabe geboten" haben. Wie es sich damit auch immerhin verhalten mag, diese Geschichte von der Genesis des Fischsymbols steht nach Achelis ausser allem Zweifel. Sie bildet für ihn den Massstab, welchen er bei seinen Forschungen an die Beurtheilung der einschlägigen Texte der Kirchenschriftsteller legt: wohl denen, die seiner Genesis irgendwie günstig sind; wehe den andern, deren Worte er in keiner Weise umzudeuten vermag.

Nota bene. Bei allen Texten, die Achelis für die Genesistheorie heranzieht, muss stillschweigend vorausgesetzt werden, dass die Christen des ersten Jahrhunderts „die Vorstellung von der Bedeutung der Taufe Christi . . ., wonach diese beweisend für seine göttliche Natur ist", in diesem Sinne wirklich verwertheten, sie in so hohem Grade urgirten, dass sie den ersten und eigentlichen Impuls zur Entstehung des IΧΘΥC-Symbols gab. Denn „schon im zweiten Jahrhundert war es in der Kirche abgekommen, sich auf die Taufe als Beweis für die Gottheit Christi zu berufen; selbst in den ältesten kirchlichen Symbolen findet sich diese Berufung nicht mehr. Man hatte längst eine bessere Garantie für Christi Gottessohnschaft gefunden: seine Empfängniss ohne Mannes Zuthun durch den Heiligen Geist, und seine Geburt aus der jungfräulichen Mutter". Das alles sind müssige Versicherungen, zu deren Annahme der Leser ohne weiteres — wohl aus Dankbarkeit? — verpflichtet ist.

Wir sollen also die Taufe Christi als den Ausgangspunkt des symbolischen IΧΘΥC betrachten. Dieses ist nicht etwa ein „augenblicklicher Einfall" Achelis', sondern offenbar die Frucht langen Studiums. Achelis findet seine Theorie fast überall da bestätigt, wo der Fisch in Verbindung mit seinem Elemente, dem Wasser, auftritt. So schon in der Inschrift des Abercius[1], die er mit derjenigen von Autun, gewiss nicht ohne Grund, zusammen mit den „Väterstellen" commentirt (S. 16 ff., 26 ff.). „Von Wichtigkeit", lesen wir in der Erklärung der ersten (S. 18), „ist . . . der Ausdruck ἰχθὺς ἀπὸ πηγῆς, der eine deutliche Hinweisung auf die Jordantaufe Christi enthält, und uns aufs neue[2] zeigt, welches Interesse man an dieser Seite der Symbolik nahm." Für uns ist ebenso interessant eine ganz andere Seite der IΧΘΥC-Symbolik, welche diese Inschrift aufdeckt: in den Versen 13–16 ist nämlich von dem „sacramentalen Fisch" die Rede! Und man kann sie nicht einmal „für eine spätere Zuthat eines Abschreibers . . . erklären", da die Verse 13–15 auf dem von W. Ramsay wiedergefundenen Originalfrag-

---

[1] Der Text der Inschrift und ihre Besprechung folgt auf S. 52 ff.
[2] Tertullian ist der erste, diese Inschrift der zweite Zeuge, den Achelis für seine Theorie anruft.

mente enthalten sind! Achelis verliert angesichts einer solchen Schwierigkeit nicht den Muth: „Es ist das", meint er (S. 18), „die Vorstellung vom ‚sacramentalen Fisch', die sich leicht verstehen lässt als eine Fortbildung der einfacheren Form der Symbolik, die wir bei Tertullian kennen lernten. Denn der Fisch ist ein essbares Thier; Christum geniessen die Christen im Abendmahl — da lag es nahe, in dem Fisch den im Abendmahl gegenwärtigen Christus zu sehen." Trotz dieser originellen Begründung müssen wir es entschieden in Abrede stellen, dass „die Vorstellung vom ‚sacramentalen Fisch' ... eine Fortbildung" jener „einfacheren Form der Symbolik" sei, denn die Inschrift des Abercius ist älter als die Stelle Tertullians, an welche das σύρημα des Achelis sich knüpft; sie stammt, wie wir (S. 55) sehen werden, aus einer Zeit, in welcher Tertullian, der erste (vermeintliche) Zeuge für die Achelis'sche Jordantaufe = Symbolik des ΙΧΘΥΣ, wahrscheinlich noch den Götzen huldigte. Auf diesem Monument ist aber weit und breit „die Vorstellung von dem sacramentalen Fisch" ausgeführt, während diejenige der Taufe nur vorübergehend gestreift wird.

Mit der Abercius-Inschrift muss, wie eine Zwillingsschwester mit der andern, die Inschrift von Autun zusammen behandelt werden[1]. Ueber den Inhalt der ersten sechs Verse, die „als Citat vorangestellt" sein sollen, sagt Achelis (S. 27): „dunkel und geheimnissvoll, wie ein alter Orakelspruch, tönen diese Worte"; und weiter unten (S. 29): „die Vorstellung der ersten sechs Verse von der Symbolik des Wassers und des Fisches ist höchst eigentümlich und zum Theil einzigartig. Das Wasser wird hier nicht mit dem Fisch zusammengefasst. Es wird nicht gesagt, dass der Fisch aus diesem Quell stammt, und es wird auch nicht im Interesse der Fisch-Christus-Symbolik gedeutet, sondern es bedeutet hier das Sacrament der Taufe" — mit anderen Worten: Achelis findet nicht das, was er für seine Theorie von der „ursprünglichen Form" der ΙΧΘΥΣ-Symbolik braucht! Er wird aber auch bei dieser „Sachlage" nicht muthlos: „man kann in der That zweifelhaft sein, ob man diese Behandlung, die hier dem Wasser zu Theil wird, als eine Umdeutung der ursprünglichen Symbolik, die darin Christi Taufe sah, erkennen will, oder ob man sie als selbständige Zuthat des Dichters zu der Fischsymbolik betrachten will, von der ihm wahrscheinlich die akrostichische, jedenfalls die eucharistische Bedeutung bekannt war. Ich möchte mich eher für das letztere entscheiden." Dieser Ausweg „trägt deutliche Spuren der Nothlage, in der sich Achelis hier befand, denn er ist etwas schief" (S. 35). So geht die Theorie Achelis' von der „ursprünglichen Form" des ΙΧΘΥΣ-Symbols immer mehr in das, was sie ist, in -- Dunst auf![2]

Der Dichter kann sich übrigens gratuliren, dass er noch so glimpflich davongekommen ist; mit den Vätern, zumal mit denen des vierten Jahrhunderts,

---

[1] Wir bringen die Inschrift auf S. 56 ff.

[2] Die Frage, ob das Akrostich das Symbol des Fisches veranlasst habe, oder ob dieses jenem zuvorgekommen sei, ist heute noch nicht spruchreif.

geht Achelis ganz anders um: diese „haben", meint er, „längst vergessen, warum das Fischsymbol einst so wichtig gewesen war. Einige lassen diese Seite der Symbolik" (nämlich der „ursprünglichen") „daher ganz unerwähnt; andere gewissenhaftere Schriftsteller halten sich für verpflichtet, dies Element wenigstens beiläufig zu erwähnen, wenn sie es auch zuweilen in ihrer Weise umdeuten" (S. 51 f.).

Also nicht allein unwissend, sondern auch gewissenlos sollen einige „Väter" sein! Dass ein so abnormes Urtheil unmöglich auf Wahrheit beruhen kann, liegt auf der Hand; dessenungeachtet dürfte vielleicht mancher Leser zu erfahren wünschen, wie Achelis zu seinen Resultaten gelangen konnte. Nur um diesem Wunsche gerecht zu werden, wollen wir einige „Väterstellen" mit den Erklärungen Achelis' hier vorführen, und zwar in einer solchen Reihenfolge, dass die von der Achelis'schen Forschung am schwersten heimgesuchten Opfer den Reigen beschliessen. Eine Widerlegung wird nicht nothwendig sein.

1. (S. 25 f.). Paulinus von Nola: „Video congregatos ita distincto per accubitus ordinari, et profluie omnes saturari cibis, ut ante oculos Evangelicae benedictionis ubertas, eorumque populorum imago versetur, quos quinque panibus et duobus piscibus panis ipse verus et aquae vivae piscis Christus explevit."[1]

Zu dieser Stelle bemerkt Achelis: „Pammachius, der Adressat dieses Briefes, hatte in Rom öfter Arme gespeist. Paulinus vergleicht diese seine Wohlthätigkeit mit der Speisung der 5000 und nennt Christus bei dieser Gelegenheit panis ipse verus et aquae vivae piscis. Panis verus ist aus Joh. 6, 32 entlehnt, aqua viva nach Joh. 4, 10. 14; 7, 38; Apoc. 7, 17; fraglich ist nur, woher Paulinus die Bezeichnung Christi als piscis hat. Es ist möglich, dass dies Willkür von ihm ist. Er will hier in den Speisen, die Christus austheilte, ihn selbst wiederfinden. Für das Brod bot sich ihm eine Schriftstelle dar; und so wäre es denkbar, dass er sich, um dieselbe Beziehung beim Fisch herzustellen, mit dem ‚lebendigen Wasser' von Joh. 4 begnügte, und, darauf (!) fussend, die Deutung des Fisches auf Christus selbst vollzogen hätte. Andererseits aber lautet der Ausdruck so bestimmt, dass es mir bei unbefangener Betrachtung näher zu liegen scheint, dass Paulinus sich hier auf eine allgemein bekannte Symbolik beruft. Freilich — warum er Christus den Fisch nennt, und ob ihm überhaupt ein Grund dieser Symbolik bekannt war, darüber bleiben wir im Unklaren. Doch dürfen wir wohl in der Erwähnung der aqua viva eine Reminiscenz an die früher bei dem Fischsymbol übliche Bezugnahme auf die Taufe Christi sehen, da dieser Zusatz sonst schlechthin phrasenhaft wäre"!

2. (S. 30 ff.). Augustin: ... „quamvis piscem manducet levatum de profundo in ea mensa quam parasti in conspectu credentium; ideo enim de profundo levatus est ut alat aridam" (Confes. XIII, 21, ed. v. Raumer S. 364); dazu: „Iudicat enim; et approbat quod recte, improbat autem quod perperam

---

[1] S Paulin. Nol. *ep.* XIII, Migne, *PP. lat.* LXI, col. 213.

invenerit; sive in ea solemnitate sacramentorum quibus initiantur, quos pervestigat in aquis multis misericordia tua; sive in ea qua ille piscis exhibetur, quem levatum de profundo terra pia comedit" (Confess. XIII, 367 [verbess.: 355]).

Aus dem langen Commentar heben wir Folgendes heraus: „Es war eine gebräuchliche Vorstellung, den in den Abendmahlselementen gegenwärtigen Christus als Fisch zu bezeichnen; und hierauf spielt Aug. hier an. Es ist auch nicht zufällig, dass er diesen Fisch an beiden Stellen bezeichnet als levatus de profundo. Das ist kein bedeutungsloses Epitheton, sondern ein wesentlicher Bestandtheil der ursprünglichen Symbolik. Der Ausdruck lautet freilich zu allgemein, als dass er bestimmt auf die Taufe Christi gedeutet werden müsste, wenn wir diese Stelle allein zu betrachten hätten. Augustin fügt die Bestimmung nur bei, um diesen wesentlichen Bestandtheil der Symbolik, die ihm überliefert war, nicht auszulassen" — er ist demnach einer der „gewissenhafteren Schriftsteller"! Achelis' Censur ist hier, wie man sieht, noch erträglich; ganz in Ungnade fällt Augustin bei dem folgenden Citat (S. 33):

„Piscis assus est Christus passus'. Ipse est et panis qui de caelo descendit. Huic incorporatur ecclesia ad participandam beatitudinem sempiternam" (in Ioh. Evang. Tract. 123, ed. Benedict. Bd. III, 2. col. 815).

„Diese Worte", so lesen wir in Achelis' Commentar, „geben die Erklärung zu dem Mahle der Jünger Joh. 21. Für ihr Verständniss im Zusammenhang der Darstellung in Tract. 122 und 123, welche den Fischzug und das Mahl Joh. 21 behandelt, erscheint es vor allem wichtig, auf die Bedeutung, welche das Wort sacramentum hier hat, einzugehen." Wir übergehen diese Erklärung, ohne etwas einzubüssen, und geben nur die auf den vorliegenden Text bezüglichen Sätze wieder. „Die Theilnehmer an der Seligkeit am Ende der Zeiten sind natürlich (!) alle Christen, daher sagt er (Augustinus) über die Siebenzahl der Jünger: per quem potest hoc loco nostra universitas intelligi figurata, und findet eine weitere Bestätigung zu dieser Erweiterung in der Aufforderung Christi an die Apostel, von ihren eigenen Fischen zu den auf dem Roste liegenden herzubringen. Eine nicht geringe Schwierigkeit aber mussten ihm Fisch und Brod machen, wenn sie auch eine solche Bestätigung für seine Allegorie abgeben sollten. Beim Brode hilft er sich mit Joh. 6, 33, wo Christus sich selbst das Brod nennt, der Fisch wird mit dem Worte abgefertigt: Piscis assus Christus est passus. So findet er in beiden Speisen nur eben Christus selbst dargestellt, und diesen bringt er mit dem Ganzen in Zusammenhang durch den allgemeinen Satz: huic incorporatur etc. Diese Verbindung trägt deutliche Spuren der Nothlage, in der sich A(ugustinus) hier befand, denn sie ist etwas schief.... A(ugustinus) kannte das Akrostich von ἰχθύς; das wissen wir aus der ... Stelle De Civ. Dei XVIII, 23. Aber ob er es kannte oder nicht, jedenfalls verwendet er diese Kenntniss nicht." Also kein Wort der Entschuldigung; kein Versuch, die „ursprüngliche Form der Fischsymbolik" zu retten!

---

[1] Siehe S. 61.

3. (S. 41 f.) Maximus von Turin: „Iste Iesus Christus ... in principio erat verbum apud Deum ... a Sibylla IXΘΥC, graeco nomine, quod significat piscis, operatus est, eo quod mundi vel seculi huius mare ingressurus esset. Nam et litterarum ipsarum graecarum considera ingens mysterium IXΘΥC, I iota, hoc est Iesus, X chi, id est X$\overline{\rho\tau o\varsigma}$, Θ theta Theu, Υ Yios, Σ sigma Soter; quod latino explanatur Iesus Christus Dei Filius Salvator; in capite harum quinque litterarum Graecarum mysterium hoc est, quaeri ergo magno ..." (Tract. IV contra Paganos, Migne, PP. lat. LVII, col. 789).

„Dieser Tractat", schreibt Achelis, „ist sehr schlecht überliefert. Im Texte befinden sich viele Lücken, was auch in dieser Stelle mehrfach hervortritt ... Sonst gibt diese Stelle die akrostichische Erklärung der Fischsymbolik wieder. Sie bezieht sich dabei auf das Sibyllinische Akrostich und behauptet, dort wäre zuerst Christus ἰχθύς genannt, quod mundi vel seculi huius mare ingressurus esset. Die Auflösung des Akrostichs gibt Maximus dann ohne diese Berufung. Er hatte also wohl keine genaue Kenntniss des Akrostichs" u. s. w.!

4. (S. 42 f.). Prosper von Aquitanien: „Mysterium vero actionis huius hoc est, quod ex interioribus piscis et daemon fugatus est et Tobias illuminatus. 2) Hoc egit piscis magnus ex passione sua Christus purgans Mariam, a qua expulit septem daemonia; ... Qui tributum pro se et Petro, et caecato lumen reddidit Paulo, satians ex se ipso in litore discipulos, et toti se offerens mundo IXΘΥN. Namque latino piscem sacris litteris maiores nostri hoc interpretati sunt, ex Sibyllinis versibus colligentes, quod est, Iesus Christus Filius Dei Salvator, piscis in sua passione decoctus, cuius ex interioribus remediis quotidie illuminamur et pascimur" (De prom. et praed. Dei II, 39; opp. Prosp. Aquit. 1782. II, S. 116)[1].

Hierzu sagt Achelis unter anderem: „Als letzte und höchste That des Fisches führt der Verfasser an: et toti se offerens mundo IXΘΥN ... Also als Jesus Christus, als Gottessohn und Heiland bietet sich der Fisch der ganzen Welt an. Die Schlussworte bestätigen diese Auffassung. Als der Segen, den die ganze Welt von dem Fisch-Christus empfängt, wird angegeben: cuius ex interioribus remediis quotidie illuminamur et pascimur. Der Ausdruck ex interioribus remediis ist vom Fisch des Tobias hergenommen; mit dem illuminare und pascore greift der Verfasser aus den vorher berichteten Thaten des Fisches einige heraus und lässt sie der ganzen Christenheit zugute kommen; die Hinzufügung des quotidie aber zeigt, dass er sich diese Wirkung nicht allein im Abendmahl vorhanden dachte; er hat sich wohl kaum etwas Bestimmtes darunter vorgestellt" u. s. f.

In der Anmerkung (1 S. 43) klagt Achelis de Rossi auf Fälschung eines Citates an; er schreibt: „De Rossi" (der in der obigen Stelle mit vollem Recht eine Anspielung auf die Eucharistie findet) „erleichtert seine Auffassung

---

[1] Vergl. S. 61.

wesentlich dadurch, dass er unvollständig und falsch citirt: piscem magnum, qui satiavit ex se ipso in littore discipulos, et toti obtulit mundo ἰχθύν." Diese Anklage ist jedoch grundlos; das ganze Verbrechen de Rossi's besteht darin, dass er die Stelle seinem Text grammatikalisch angepasst hat, ohne auch nur im geringsten den Sinn derselben zu alteriren. Er hätte falsch citirt, wenn er durch Verschweigung wichtiger Bestandtheile oder durch Hinzufügung fremder Worte einen fremden Sinn hineingebracht hätte, wie es bisweilen Achelis thut (s. S. 73. 87).

5. Es folgt nun die „höchste That", die Achelis an einer Stelle des siebenten Briefes des hl. Hieronymus ausgeübt hat: hier lockerte er in dem Grade die Zügel seiner Phantasie, dass diese den Verstand mit fortriss. Der betreffende Text lautet: „Bonosus, ut scribitis, quasi filius ἰχθύος, id est piscis, aquosa petit. Nos pristina contagione sordentes quasi reguli et scorpiones arentia quaeque sectamur." Seiner Gewohnheit gemäss beruft sich Achelis auf den „Zusammenhang" und zwingt uns so, auch die folgenden Sätze wiederzugeben: „Ille iam calcat super colubri caput: nos serpenti, terram ex divina sententia comedenti, adhuc cibus sumus. Ille iam potest summum Graduum Psalmum scandere: nobis adhuc in primo ascensu flentibus, nescio an dicere aliquando contingat: Levavi oculos meos in montes, unde veniet auxilium mihi (Ps. 120, 1). Ille inter minaces saeculi fluctus in tuto insulae, hoc est Ecclesiae gremio sedens, ad exemplum Ioannis, librum forte iam devorat (Apoc. 10): ego in scelerum meorum sepulcro iacens (Ioan. 11), et peccatorum vinculis colligatus, Dominicum de Evangelio expecto clamorem: Hieronyme veni foras." [1]

Hieronymus stellt hier die Tugenden des Bonosus in poetischer Uebertreibung seiner eigenen Unvollkommenheit gegenüber: Bonosus habe sich, wie Chromatius Jovinus und Eusebius ihm geschrieben, als würdiger Sohn des ΙΧΘΥC. d. i. Jesu Christi, des göttlichen Erlösers, auf eine Insel zurückgezogen, er (Hieronymus) habe dagegen, wie ein Skorpion, die Wüste aufgesucht; Bonosus triumphire bereits über die Schlange, er müsse noch mit dem Versucher ringen; Bonosus sei schon auf der höchsten Stufe der Vollkommenheit angelangt, er habe kaum die erste erstiegen; Bonosus befinde sich im sicheren Hafen der Kirche, er sei geistig todt und warte auf den Ruf des Herrn: Hieronyme veni foras!

Was macht nun Achelis aus diesen Worten? Er stellt (S. 22) Hieronymus als einen beschränkten Kopf hin, der in einem Briefe seiner Freunde einen Passus nicht verstanden habe und diesen in der Antwort „citire", um wo möglich darüber aufgeklärt zu werden. Dieses Ansinnen sei aber noch sehr problematisch, denn auch bei den Freunden wären jene Worte „nicht original", sondern aus Tertullian „ausgeschrieben". Also sei es fraglich, ob auch sie die Stelle verstanden haben! Doch wir wollen die Worte Achelis' selbst an-

[1] S. Hieron. ep. VII, Migne, PP. lat. XII, col. 339 sq.

führen, um jedem Verdachte einer Entstellung zu begegnen: „Dieser Satz" (den wir an die Spitze gestellt haben) „wie auch die folgenden bis auxilium mihi sind ein Citat aus dem Briefe des Chromatius Jovinus und Eusebius, den Hieronymus hier beantwortet. Es ist dies nicht allein aus der Citationsformel ut scribitis ersichtlich, sondern auch daraus, dass in diesen Worten nur die erste Person des Plural gebraucht wird, während Hieronymus von sich selbst hier ständig in der Einzahl spricht. Ueber die Bekanntschaft des Hieronymus mit der Fischsymbolik lässt sich also hieraus nichts entnehmen; wenn er nicht schon vorher mit der Symbolik bekannt war, mussten ihm auch diese Worte unverständlich bleiben. Und aus dem Umstand, dass er diesen Satz in seinen Brief aufnimmt, lässt sich mit Sicherheit nicht auf ein Verständniss schliessen. — Aber auch bei Chromatius und Genossen sind diese Worte nicht original, sondern sie entnahmen dieselben aus der oben schon zweimal besprochenen Stelle Tertullians de bapt. I" (folgt nun die Gegenüberstellung beider Texte)!

Der von Achelis so übel behandelte Hieronymus sagt irgendwo: „prudentis hominis est, nosse mensuram suam, nec .. imperitiae suae cunctum orbem testem facere" [1] — hier hat Achelis „sein Mass" überschritten.

Aus der „kritischen" Revue der „Väterstellen" zieht Achelis (S. 46—54) ebenso kritische Schlussfolgerungen über die „Heimat" des Symbols des IXΘYC, seine „ursprüngliche Form", sein Alter und die Art und Weise seiner Verbreitung.

Die „ursprüngliche Form" ist dem Leser mehr denn zur Genüge bekannt; wir wollen ihrer nicht mehr gedenken. „Bei der Frage nach der Heimat des Symbols müssen wir uns", sagt Achelis (S. 46), „an die drei ältesten Zeugen halten: Tertullian, Aberkios und Origenes, die unter sich ziemlich nahe zusammenliegen ...". „Tertullian ist ein Carthager, Aberkios ein Hieropolitaner, Origenes ein Alexandriner! ... An Alexandrien als Entstehungsort der Symbolik ist ... kaum zu denken", weil Clemens das Symbol nicht gekannt habe, während dasselbe in Carthago sich bereits allgemeiner Bekanntschaft erfreute. Ebensowenig sei Carthago seine Heimat; „denn die damals noch junge Carthagische Kirche besass nichts in Cultus und Lehre, was ihr eigenthümlich gewesen wäre; sie hatte alles aus Rom ... Dazu war ... Tertullian kurz (!) vor der Abfassung seiner Schrift de baptismo selbst in Rom gewesen. In Rom laufen aber auch die übrigen Fäden zusammen. Aberkios spricht auf seinem Epitaph in begeisterten Worten von dem Eindruck, den einst Rom auf ihn gemacht hatte, und so wird er die Kenntniss der Symbolik, die er sehr abrupt (!) dort anbringt, auch aus Rom mitgebracht haben. Origenes aber ist bekanntlich auch in Rom gewesen. Rom wird also die Heimat des Symbols sein."

Dieselben sicheren Resultate erzielt Achelis in der Frage über die Zeit der Entstehung und die weitere Verbreitung des Symbols [2]. Man

---

[1] S. Hieron. ep. LXI, Migne, PP. lat. XXII, col. 604.
[2] Man vergleiche dagegen S. 55.

höre nur (S. 52 f.): „In dem Moment, wo wir dem Fischsymbol zuerst begegnen, bei Tertullian und Aberkios, hatte es schon eine längere Geschichte hinter sich. Wir dürfen also seine Entstehung nicht erst an das Ende des zweiten Jahrhunderts setzen, sondern müssen ziemlich tief hinabgehen. Vor allem deshalb, weil Aberkios seine Romreise wahrscheinlich schon unter Marc Aurel machte (vgl. Lightfoot a. a. O.), scheint es geboten, die Entstehung des Symbols noch in die erste Hälfte des zweiten Jahrhunderts zu verlegen. Tertullian bringt von Rom aus die Kenntniss des Symbols nach Afrika, Aberkios nach Phrygien, Origenes nach Aegypten. Bei Optatus finden wir es wieder in Afrika. Aus Aquileja sind Chromatius und seine Freunde, welche durch Lectüre Tertullians mit der Symbolik bekannt geworden waren; Paulinus ist wieder ein Italiener. Von da ab mehren sich die Zeugnisse" u. s. f.

So löst Achelis, mehr durch Intuition als durch ernstes Studium der Monumente, die schwierigsten Probleme. Bei einer zweiten Auflage seines Büchleins sollte er auf die letztere Frage noch näher eingehen, um womöglich auch das Jahr oder vielleicht selbst das Monatsdatum jener Ein- und Ausfuhr des Symbols zu bestimmen; wir zweifeln nicht an dem Erfolge.

Hiermit ist die erste Hälfte der Arbeit Achelis' über das Fischsymbol erledigt. Wir hatten noch keine Gelegenheit, „Reife des Urtheils" bei ihrem Verfasser zu constatiren, und die „gründlichen Untersuchungen", von denen Schultze redet, haben sich hier als Proben einer unmündigen Schülerweisheit erwiesen, die jedes wissenschaftlichen Werthes bar sind.

Bevor wir die zweite Hälfte der Achelis'schen Schrift untersuchen, welche die an den IXΘYC-Monumenten angestellten Forschungen enthält, wollen wir noch einmal auf die Inschriften des Abercius und Pectorius zurückkommen, wollen ihren Inhalt näher prüfen, beide mit einander vergleichen und in ihrem Lichte dann einen Blick auf die berühmten Fresken mit den Fischdarstellungen von S. Callisto werfen [1].

Dritter Abschnitt.

Das Symbol des Fisches auf den Monumenten.

§ 1. Die Inschriften des Abercius und Pectorius und ihre Beziehungen zu den Fischbildern von S. Callisto.

Die Inschrift des Abercius ist eines der ehrwürdigsten Denkmäler, die uns das christliche Alterthum überliefert hat; de Rossi nennt sie „epigramma dignitate et pretio inter Christiana facile princeps" [2]. Sie war aus der von Metaphrastes und anderen byzantinischen Hagiographen verfassten Lebens-

---

[1] Wir benutzten für diesen Abschnitt in reichlichem Masse die classische Einleitung, welche de Rossi dem ersten Theil seines zweiten Bandes der monumentalen *Inscriptiones Christianae Urbis Romae* (p. XII sqq.) vorausgeschickt hat.

[2] *A. a. O.* p. XIII.

beschreibung des Abercius bekannt, blieb aber unbeachtet, weil die Lebensbeschreibung seit Tillemont für eine legendenhafte Dichtung galt. Erst Pitra hat sie zusammen mit der Inschrift des Pectorius von Autun in das rechte Licht gestellt, indem er sie mit einem kritischen Commentar veröffentlichte und so weiteren Kreisen zugänglich machte[1]. Wie es zu geschehen pflegt, erhoben sich alsbald gelehrte Kritiker, welche die Echtheit des einen oder andern Verses in Zweifel zogen. So z. B. hielt P. Garrucci einige Verse für interpolirt, bei anderen glaubte er eine Entstellung durch die Copisten annehmen zu müssen: jene hat er gestrichen, diese nach eigenem Ermessen restituirt, so dass seine Publication der Inschrift in nicht wenigen Punkten von derjenigen Pitra's abweicht[2]. Bedenken gegen die absolute Echtheit der Inschrift waren um so begreiflicher, als der aufrichtige Biograph des Abercius ausdrücklich bemerkt, dass *die Ungunst der Zeit den Stein beschädigt und die richtige Entzifferung der Inschrift dadurch nicht wenig erschwert habe*. Derselbe berichtet uns ferner, dass Abercius Bischof von Hierapolis in Phrygien war, in der zweiten Hälfte des zweiten Jahrhunderts lebte, unter der Regierung des Marc Aurel und Lucius Verus Rom besuchte und nach seiner Rückkehr im 72. Lebensjahre seine selbstverfasste Grabschrift in Stein eingraben liess. — Durch die erstere Nachricht erwuchs eine unlösbare chronologische Schwierigkeit, da unter den Bischöfen von Hierapolis in der angegebenen Zeit keiner den Namen Abercius führte, — ein weiterer Umstand, den man gegen die Glaubwürdigkeit der handschriftlichen Copien der Inschrift anführen konnte.

Diese Zweifel schwanden vollständig infolge der Entdeckungen, die wir dem Engländer W. Ramsay verdanken. Dieser fand im Jahre 1882 bei seiner ersten Reise durch Phrygien zu Hieropolis eine christliche Sepulcralstela aus dem Jahre 300 der phrygischen, 216 der christlichen Zeitrechnung. Eine genaue Abbildung der Stela bietet Taf. II n. 2; der Inhalt der Inschrift lautet wie folgt:

(Ἐκ)λεκτῆς πόλεως ὁ πολείτης τοῦτ' ἐποίη(σα)
(Ζῶν ἵν' ἔχω φανερῶς) σώματος ἔνθα θέσιν.
Οὔνομα Ἀλέξανδρος Ἀντωνίου μαθητὴς ποιμένος ἁγνοῦ.
Οὐ μέντοι τύμβῳ τις ἐμῷ ἕτερόν τινα θήσει.
Εἰ δ' οὖν, Ῥωμαίων ταμιείῳ θήσει δισχίλια χρυσᾶ
Καὶ χρηστῇ πατρίδι Ἱεροπόλει χίλια χρυσᾶ.
Ἐγράφη ἔτει τ' μηνὶ ς' ζῶντος.
Εἰρήνη παράγουσιν καὶ μνησκομένοις περὶ ἡμῶν.

De Rossi übersetzt:

„Electae civitatis civis hoc feci vivens, ut haberem palam corporis hic sedem. Nomen (mihi) Alexander Antonii, discipulus (sum) pastoris immaculati. Nemo autem sepulcro meo alterum quomvis superimponat: sin vero (id fecerit), inferat aerario Romanorum aureos bis mille et optimae patriae Hiero-

---

[1] *Spicileg. Solesm.* t. III, p. 532 sq.; *Analecta Spicil.* t. II, p. 160 sqq.
[2] *Mélanges d'épigraphie ancienne*, p. 1—31. Nach Garrucci brachte die Inschrift unverändert Becker a. a. O. S. 35 f.

poli aureos mille. Scriptum est anno CCC, mense VI (mc) vivente. Pax praetereuntibus et iis qui meminerint mei."

De Rossi und Duchesne[1] machten sogleich darauf aufmerksam, dass dieses Epigramm aus den Schluss- und Anfangsversen der Inschrift des Abercius besteht, dass unter diesen Versen einige aus einer älteren, beiden Inschriften gemeinsamen Quelle geschöpft sind, und dass der Verfasser der Inschrift des Alexander wenigstens einen Vers von der des Abercius entlehnt hat, indem er ohne Rücksicht auf das Metrum für den Namen des Abercius einfach ΑΛΕΞΑΝΔΡΟC ΑΝΤΩΝΙΟΥ substituirte[2].

Der Fund der Stela des Alexander war demnach für die Aberciusinschrift natürlich von der grössten Wichtigkeit: man hatte nun einen handgreiflichen Beweis für ihre Echtheit, hatte ferner den terminus ad quem für ihre Datirung, und jene chronologische Schwierigkeit wurde durch die Verlegung des Bischofsitzes von dem berühmten Hierapolis nach dem weniger bekannten Hieropolis gänzlich aus dem Wege geräumt.

Alles dieses sollte bald noch eine endgiltige Bestätigung erhalten. W. Ramsay fand nämlich bei seiner zweiten Reise durch Phrygien, gleichfalls bei Hieropolis, die Originalinschrift des Abercius, verstümmelt zwar, doch gerade dasjenige Fragment, welches den wichtigsten und am meisten bestrittenen Theil der Inschrift enthält (s. Taf. II, n. 1)[3]. Der Stein ist in der Wand der Thermen befestigt, die in der Lebensbeschreibung des Abercius erwähnt werden.

Mit Hilfe der Stela des Alexander sowie der handschriftlichen Copien und dem wiedergefundenen Originalfragment liess sich die kostbare Inschrift des Abercius nunmehr fast in allen Theilen mit Sicherheit wiederherstellen. Wir bringen sie, de Rossi folgend, zunächst in der Eintheilung, in welcher sie, nach dem Vorhandenen zu schliessen, in den Stein geschrieben war; die in Majuskeln gedruckten Worte sind auf dem Originalfragment und der Stela des Alexander erhalten; die Minuskeln geben die Ergänzungen aus den Codices wieder.

ἘϰΛΕΚΤΗΣ ΠΟΛΕΩΣ Ο ΠΟΛΕΙ
της· ΤΟΥΤ ΕΠΟΙΗσα
ζῶν ἹΝ ΕΧΩ χαιρῷ (?)[5]
ΣΩΜΑΤΟΣ ΕΝΘΑ ΘΕΣΙΝ
5 ΟΥΝΟΜ Ἀβέρκιος[4] ὢν ὁ

[1] Bull. archeol. crist. 1882, p. 78 sqq.; Bull. critique 1882, p. 135 sv.
[2] Ebenso diente in der Priscilla-Katakombe das auf S. 4 abgedruckte Epitaphium der Agape als Formular für die Grabschrift einer Marcia.
[3] Unsere Copien des Fragmentes der Aberciusinschrift und der Stela des Alexander verdanken wir der Güte des Hr. de Rossi, der diese beiden Denkmäler nach einer von W. Ramsay angefertigten Zeichnung in der oben erwähnten Einleitung (p. XVIII) veröffentlicht hat.
[4] Abercius setzt sein Bürgerrecht an die Spitze der Inschrift, um dadurch seiner Ruhestätte den Schutz der Gesetze zu sichern.
[5] Auf der Stela des Alexander ist an dieser Stelle deutlich ΦΑΝΕΡ (ῶς, — ἥ;) zu lesen; Abercius dagegen gebraucht hier χαιρῷ (= zur rechten Zeit), wie alle Codices übereinstimmend haben.
[6] Das Metrum dieses Verses ist auf der Stela des Alexander durch die Einführung der Namen ΑΛΕΞΑΝΔΡΟΣ ΑΝΤΩΝΙΟΥ ganz entstellt; schon daraus geht hervor, dass Ihr Verfasser die Inschrift des Abercius benutzt hat, und nicht umgekehrt.

ΜΑΘΗΤΗΣ ΠΟΙΜΕΝΟΣ ΑΓΝΟΥ[1]
ὃς βόσκει προβάτων ἀγέλας
ὄρεσιν πεδίοις τε
ὀφθαλμοὺς ὃς ἔχει μεγάλους
10 πάντη καθορῶντας
οὗτος γάρ μ᾽ ἐδίδαξε
(τὰ ζωῆς)[2] γράμματα πιστά
ΕΙΣ ΡΩΜΗν ὃς ἔπεμψεν
ΕΜΕΝ ΒΑΣΙΛΗαν ἀθρῆσαι
15 ΚΑΙ ΒΑΣΙΛΙΣσαν ἰδεῖν χρυσό-
ΤΟΛΟΝ ΧΡυσοπέδιλον
ΛΑΟΝ Δ ΕΙΔΟΝ Ἐκεῖ λαμπρὰν
ΣΦΡΑΓΕΙΔΑΝ Ἔχοντα
ΚΑΙ ΣΥΡΙΗΣ ΠΕΔον εἶδα
20 ΚΑΙ ΑΣΤΕΑ ΠΑντα Νίσιβιν
ΕΥΦΡΑΤΗΝ ΔΙΑβας πάν-
ΤΗ Δ ΕΣΧΟΝ ΣΥΝΟμώους
ΠΑΥΛΟΝ[3] ΕΧΩΝ ΕΠΟ....
ΠΙΣΤΙΣ Πάντη δὲ προῆγε
25 ΚΑΙ ΠΑΡΕΘΗΚΕ τροφήν
ΠΑΝΤΗ ΙΧΘΥΝ ΑΠό πηγῆς
ΠΑΝΜΕΓΕΘΗ ΚΑΘαρὸν ὃν
ΕΔΡΑΞΑΤΟ ΠΑΡΘΕΝος ἁγνή
ΚΑΙ ΤΟΥΤΟΝ ΕΠΕΔωκε φί-
30 ΛΟΙΣ ΕΣΘειν διὰ παντὸς
οἶνον χρηστὸν ἔχουσα
κέρασμα διδοῦσα μετ᾽ ἄρτου
ταῦτα παρεστὼς εἶπον
Ἀβέρκιος ὧδε γραφῆναι
35 ἑβδομήκοστον ἔτος καί
δεύτερον ἦγον ἀληθῶς·
ταῦθ᾽ ὁ νοῶν εὔξαιτο ὑπὲρ
Ἀβερκίου πᾶς ὁ συνῳδός·
ΟΥ ΜΕΝΤΟΙ ΤΥΜΒῳ ΤΙΣ ΕΜΩ
40 ΕΤΕΡΟΝ ΤΙΝΑ ΘΗΣΕΙ
ΕΙ ΔΟΥΝ ΡΩΜΑΙΩΝ ΤΑμΕΙΩ
ΘΗΣΕΙ ΔΙΣΧΕΙΛΙΑ χΡΥΣΑ
ΚΑΙ χΡΗΣΤΗ ΠΑΤΡΙΔι ΙΕΡΟ
ΠΟΛΕΙ ΧΕΙΛΙΑ ΧΡΥΣΑ[4]

Wir lassen nun den Text des ganzen Gedichtes folgen, wie ihn de Rossi wiederhergestellt hat:

---

[1] Abercius, der spätestens um die Mitte des zweiten Jahrhunderts in den christlichen Glaubenswahrheiten unterrichtet wurde, hatte diesen Unterricht vielleicht von Männern erhalten, die das Evangelium glücklich preist, weil sie gesehen und gehört, was viele Propheten und Gerechte zu sehen und zu hören vergeblich ersehnt haben (Matth. 13, 17); demnach wäre er ein mittelbarer *Schüler des heiligen Hirten*.

[2] So ergänzte Pitra mit Rücksicht auf Joh. 6, 68: λόγους ζωῆς αἰωνίου ἔχεις.

[3] ΠΑΥΛΟΝ ist sicher auf dem Stein zu lesen. Es ist der Völkerapostel gemeint, dessen Beispiel befolgend Abercius seine Reise ausführte.

[4] Die Schlussverse, von 37 angefangen, sind aus älteren Formeln zusammengesetzt, die auf Grabschriften verwendet zu werden pflegten. — De Rossi glaubt, dass auch die Stela des Aberclus das Datum des Todesjahres und die Angabe der Zahl der Lebensjahre des Verstorbenen trug; in diesem Falle wäre die Auffindung des untern Fragmentes ein grosser Gewinn für die christliche Archäologie.

Ἐκλεκτῆς πόλεως ὁ πολείτης τοῦτ' ἐποίησα
ζῶν ἵν' ἔχω καιρῷ(?) σώματος ἔνθα θέσιν.
οὔνομ' Ἀβέρκιος ὤν, ὁ μαθητὴς ποιμένος ἁγνοῦ,
ὃς βόσκει προβάτων ἀγέλας ὄρεσιν πεδίοις τε
5 ὀφθαλμοὺς ὃς ἔχει μεγάλους πάντη καθορῶντας·
οὗτος γὰρ μ'ἐδίδαξε (τὰ ζωῆς?) γράμματα πιστά·
εἰς Ῥώμην ὃς ἔπεμψεν ἐμὲν βασίλειαν ἀθρῆσαι
καὶ βασίλισσαν ἰδεῖν χρυσόστολον χρυσοπέδιλον
λαὸν δ' εἶδον ἐκεῖ λαμπρὰν σφραγεῖδαν ἔχοντα.
10 καὶ Συρίης πέδον εἶδα καὶ ἄστεα πάντα, Νίσιβιν,
Εὐφράτην διαβάς· πάντη δ' ἔσχον συν(οδους)·
Παῦλον ἔχων ἐπο...., πίστις πάντη δὲ προῆγε,
καὶ παρέθηκε τροφὴν πάντη ἰχθὺν ἀπὸ πηγῆς
παμμεγέθη, καθαρόν, ὃν ἐδράξατο παρθένος ἁγνή,
15 καὶ τοῦτον ἐπέδωκε φίλοις ἔσθειν διὰ παντός,
οἶνον χρηστὸν ἔχουσα, κέρασμα διδοῦσα μετ' ἄρτου.
ταῦτα παρεστὼς εἶπον Ἀβέρκιος ὧδε γραφῆναι·
ἑβδομηκοστὸν ἔτος καὶ δεύτερον ἦγον ἀληθῶς.
ταῦθ' ὁ νοῶν εὔξαιτο ὑπὲρ Ἀβερκίου πᾶς ὁ συνῳδός
20 οὐ μέντοι τύμβῳ τις ἐμῷ ἕτερόν τινα θήσει·
εἰ δ' οὖν, Ῥωμαίων ταμείῳ θήσει δισχίλια χρυσᾶ,
καὶ χρηστῇ πατρίδι Ἱεροπόλει χίλια χρυσᾶ.

De Rossi übersetzt: „Electae civitatis civis hoc feci vivens ut habeam (quum tempus erit?) corporis hic sedem. Nomen (mihi) Abercius, discipulus (sum) pastoris immaculati, qui pascit ovium greges in montibus et agris, cui oculi sunt grandes cuncta conspicientes: Is me docuit litteras fideles (vitae, i. e. doctrinam salutarem); qui Romam me misit urbem regiam contemplaturum visurumque reginam auream stolam, aureis calceis decoram: ibique vidi populum splendido sigillo insignem; et Syriae vidi campos urbesque cunctas, Nisibin quoque, transgresso Euphrate: ubique vero nactus sum (familiariter) colloquentes (i. e. fratres concordes), Paulum habens ... Fides vero ubique mihi dux fuit praebuitque ubique cibum ΙΧΘΥΝ (piscem) e fonte ingentem, purum, quem prehendit virgo illibata deditque amicis perpetuo edendum, vinum optimum habens, ministrans mixtum (vinum aqua mixtum) cum pane. Haec adstans Abercius dictavi heic inscribenda, annum agens vero septuagesimum secundum. Haec qui intelligit quique eadem sentit oret pro Abercio.

Neque quisquam sepulcro meo alterum superimponat: sin' autem, inferat aerario Romanorum aureos bis mille et optimae patriae Hieropoli aureos mille."

Diese Restitution der Inschrift zeigt deutlich, welche Verse Abercius selbst gedichtet (3—18 [Hexameter]), welche er von andern Epitaphien entlehnt hat (1—2 [elegische Verse] und 19—22 [Hexameter]), und wie der dritte Vers seines Epigrammes für die Stela des Alexander mit Veränderung des Namens herübergenommen wurde.

Bei der Bestimmung des Alters der Inschrift des Abercius bietet die im Jahre 217 errichtete Stela des Alexander den *terminus ad quem*; dieses Jahr ist die äusserste Grenze, über welche hinaus wir jene nicht datiren können. Eine genaue Betrachtung der Copien beider Inschriften belehrt uns sodann, dass der zeitliche Abstand zwischen ihrer Abfassung kein geringer war. Das zeigen vor allem die Buchstaben E und Σ, die auf der Inschrift des Abercius stets die ältere Form aufweisen, während auf der Stela des Alexander das E bald in der älteren bald in der späteren, das Σ immer in den zwei späteren Formen auftritt. Zu beachten ist auch bei der Inschrift des Abercius die alte Form der Buchstaben Η, Θ, Ρ, Υ, Φ, welche auf der des Alexander nie vorkommt. Bringen wir mit diesen Beobachtungen die Nachricht des glaubwürdigen Biographen in Anschlag, zufolge derer Abercius unter der Regierung der Kaiser Marc Aurel und Lucius Verus (um das Jahr 163) Rom besuchte, und nach seiner Rückkehr in die Vaterstadt seine Grabschrift dem Steinmetz dictirt hat, und erwägen wir schliesslich die warme Begeisterung, mit welcher Abercius seiner Romreise gedenkt, so sind wir berechtigt anzunehmen, dass die Abfassung seiner Inschrift eher vor als nach dem Jahre 180 erfolgt ist.

Abercius unternahm die Reise nicht so sehr um die „ewige Stadt" mit ihren profanen Kunstschätzen zu schauen, als vielmehr die in ihr thronende *Königin und das mit dem strahlenden Siegel bezeichnete Volk*[1], d. h. die römische Kirche und römische Gemeinde zu besuchen, deren opferfreudiger Glaubensmuth in der ganzen Welt bekannt war. Der *Glaube* war *überall* (ΠΑΝΤΗ) *sein Führer*; nach apostolischem Gebrauch hielt er unterwegs mit den Brüdern *Conferenzen* ab: er fand *überall*, im Orient wie im Occident, Eintracht im Glauben; *überall* bot sich ihm der ΙΧΘΥC als die mystische Speise dar. — Alles dieses erzählt Abercius in den Versen 9—18; er legt in ihnen ein herrliches Zeugniss ab für die Einheit des christlichen Glaubens und der arkanen Sprache und Bilder, in welchen die Glaubenswahrheiten auf den Monumenten verhüllt dargestellt wurden. Diese Zeichen und Bilder waren nicht erst in seiner Zeit entstanden, denn er spricht von ihnen als von einer längst bekannten Sache; er fand sie überall vor: sie waren mit einem Wort Gemeingut der christlichen Welt. Hieraus kann man die hohe Bedeutung bemessen, welche die Inschrift des Abercius nicht bloss für die in ihr berührten Symbole, sondern für die ganze Symbolik hat. Wie wahr dieses ist, und mit welchem Recht Abercius das ΠΑΝΤΗ so nachdrücklich wiederholt hat, wird später ein Vergleich seiner Inschrift mit der von Autun und beider mit den Fresken aus den sogen. Sacramentskapellen zeigen.

Ueber die näheren Umstände der Auffindung der Inschrift des Pectorius von Autun schreibt Dr. Otto Pohl: „Am 24. Juni 1839 fanden Arbeiter, welche auf dem Friedhofe Saint-Pierre l'Estrier, in der Nähe von Autun, beim Graben beschäftigt waren, eine mit griechischen Schriftzügen be-

---

[1] Die Worte λαὸν λαμπρὰν σφραγεῖδαν ἔχοντα erinnern an Apoc. VII, 2: ἄγγελον ἔχοντα σφραγίδα θεοῦ ζῶντος; und VII, 3 (coll. IX, 4), wo von den *Dienern Gottes* die Rede ist, welche *das Zeichen auf die Stirn erhielten*. Σφραγίς, sigillum, signum, signum Christi, signum dominicum, κυριακὸν ἀργύριον sind synonyme Worte für das Kreuz; zu vergl. de Rossi, *De Christianis titulis Carthag*. im Spicileg. Solesm. IV, 519 sqq.

deckte Marmorplatte, die in sechs Stücke zersprungen war. Gerade zur Zeit der Entdeckung besuchte den Friedhof der Bischof von Autun, d'Héricourt, in Begleitung des Abtes Devoucoux. Letzterer kaufte den kostbaren Fund und liess ihn in das kleine Seminar von Autun schaffen, an welchem Pitra als Lehrer angestellt war. Dieser eilte bald darauf nach dem Fundorte, um womöglich noch andere Ueberreste an das Tageslicht zu fördern. Er entdeckte jedoch nur noch ein Fragment, und zwar das kleinste uns erhaltene, welches aber insofern sehr wichtig war, als durch dasselbe die Entzifferung eines Eigennamens ermöglicht wurde. — Pitra war es auch, welcher zuerst in den Annales de philosophie chrétienne (2ᵉ sér., t. XIX, p. 195. Paris, 1ᵉʳ sept. 1839) die gelehrte Welt von dieser epigraphischen Entdeckung in Kenntniss setzte." [1] Die Publikaton Pitra's zog eine förmliche Flut von weiteren Besprechungen der Inschrift nach sich, deren Resultate Pohl trefflich zusammengestellt hat; wir verweisen daher für die Literaturangabe auf seine Schrift.

Die Inschrift des Pectorius zerfällt in zwei dem Metrum wie dem Inhalte nach von einander ganz verschiedene Theile. Der erste Theil besteht aus drei Distichen im elegischen Versmass; der zweite aus drei Hexametern, denen zum Schluss ein Pentameter folgt. Der Grund dieser Verschiedenheit ist der gleiche, den wir bei dem Epigramm des Abercius kennen gelernt haben: die Inschrift des Pectorius setzt sich aus Bestandtheilen zusammen, die älteren Formularien entnommen sind. — Der Inhalt der ersten sechs Verse ist didactisch und von allgemeinem, nicht sepulcralem Charakter; mit keiner Silbe wird darin der Angehörigen des Pectorius gedacht, die in dem zweiten Theile erwähnt werden, nämlich der Vater Aschandius, die Mutter und andere, deren Namen nicht bekannt sind. Die Inschrift schliesst mit der an Aschandius gerichteten Bitte um ein Memento: ΜΝΗCΕΟ ΠΕΚΤΟΡΙΟΥ = gedenke des Pectorius.

Wir geben im Text nur die ersten sechs Verse, die sich auf den Unterricht in den Glaubensgeheimnissen beziehen und deren Lesart sichergestellt ist; die übrigen, welche den Kritikern noch immer viel zu schaffen machen, verweisen wir in die Anmerkung:

> Ἰχθύος ο(ὐρανίου) θε)ῖον γένος ἤτορι σεμνῷ
> Χρῆσε λαβὼν πηγὴν ἄμβροτον ἐν βροτέοις
> θεσπεσίων ὑδάτων · τὴν σήν, φίλε, θάλπεο ψυ(χήν)
> Ὕδασιν ἀενάοις πλουτοδόταυ σοφίης
> 5 Σωτῆρος ἁγίων μελιηδέα λάμβανε β(ρῶσιν)
> Ἔσθιε πινάων, ἰχθὺν ἔχων παλάμαις.

---

[1] Dr. Otto Pohl, *Das Ichthys-Monument von Autun*, S. 1.
[2] Analoge Ausdrücke für das „göttliche Geschlecht" (θεῖον γένος) begegnen uns auch in der Heiligen Schrift; so *Act.* XVII, 28 sq.: Ἐν αὐτῷ γὰρ ζῶμεν καὶ κινούμεθα καὶ ἐσμέν· ὡς καὶ τινες τῶν καθ' ὑμᾶς ποιητῶν (scil. Aratus) εἰρήκασι. Τοῦ γὰρ (θεοῦ) καὶ γένος ἐσμέν. Γένος οὖν ὑπάρχοντες τοῦ θεοῦ, κ. τ. λ.; Joh. X, 34 (coll. *Ps.* LXXXI, 6): Οὐκ ἔστι γεγραμμένον ἐν τῷ νόμῳ ὑμῶν, Ἐγὼ εἶπα, θεοί ἐστε. Ein Epitaph aus der Arenarregion der Priscilla-Katakombe (*Bull. archeol. crist.* 1886, p. 139 sq.), von dem leider nur einige Bruchstücke aufgefunden wurden, enthält Bestandtheile eines älteren Epigrammes, welches gleichfalls das θεῖον γένος der

De Rossi übersetzt: „Piscis caelestis divinum genus corde puro¹ utere, hausto inter mortales immortali fonte aquarum divinitus manantium. Tuam, amice, foveto animam aquis perennibus sapientiae largientis divitiis. — Salvatoris sanctorum suavem sume cibum; manduca esuriens ΙΧΘΥΝ tenens manibus².

Dieses in sich zusammenhängende Epigramm ist nicht vollständig; die Anfangsbuchstaben bilden nämlich das Akrostich ΙΧΘΥΣ, im sechsten Verse bleibt aber der Buchstabe E übrig, der sich mit den Anfangsbuchstaben der folgenden Verse zu keinem zweiten Akrostich zusammensetzen lässt, — eine Unvollkommenheit, die man dem Verfasser des ursprünglichen Gedichtes nicht leicht aufbürden kann. De Rossi vermuthet daher in E den Anfang des Akrostichs EΛΠΙΣ, welches durch zwei weitere Distichen fortgeführt worden sei³.

Diese geistreiche Conjectur hat sehr viel für sich; denn auf den alten Monumenten wird der Fisch mit dem Anker (ΙΧΘΥΣ-ΕΛΠΙΣ) häufig verbunden,

Christen behandelte. Der Autor des Epitaphs rühmt sich *desselben Geschlechtes*, wie die Verstorbene zu sein: ΕΙΚΩΝ ΤΟΥ ΓΕΝΟΣ ΕΙΜΙ ... und schliesst mit der zuversichtlichen Aussage, dass diese nun *das Geschenk der Gottähnlichkeit erhalten habe*: ΕΙΚΟΘΕΟΝ ΔΩΡΗΜΑ ΦΕρει. In diesen Worten erkennt man unschwer eine Anspielung an die Mahnungen des hl. Petrus (2 ep. I, 4): διὰ τούτων (ἐπαγγελμάτων) γίνεσθε θείας κοινωνοὶ φύσεως.

¹ Auf der berühmten africanischen Inschrift des Euelpius werden die Christen *fratres puro corde et simplici* genannt.

² De Rossi, a. a. O. p XX. Der zweite Theil der Inschrift lautet nach Pohl:

Ἰχθὺ γ[όρτα]ς ἄρα, λίλαίω, δέσποτα σώτερ.
Εὖ εἴδω μ[ή]τηρ, τε λιτάζομε, φῶς τὸ θανόντων.
Ἀσχάνδι (πάτ)ερ, τοὐμῷ κ(εχ)ρισμένε θυμῷ,
10 Σὺν μ(ητρὶ γλυκερῇ καὶ ἀδελφειοῖσιν ἐμοῖσιν,
Ἱ(χθύος εἰρήνῃ, ἀεὶ) μνῆσεο Πεκτορίου.

Die Ergänzung χόρτα[ς] im siebenten Vers wurde von Pohl vorgeschlagen; derselbe übersetzt: „mit dem Ichthys sättige nun, ich sehne mich, mein Herr und Heiland" und sieht demgemäss hier das Verlangen des Pectorius nach dem Genusse der Eucharistie ausgedrückt. Dadurch ist allerdings der Zusammenhang mit dem vorhergehenden Verse glücklich hergestellt, das Folgende dagegen steht ganz isolirt da; überdies wirkt ein solches Dazwischentreten des Pectorius störend und entspricht wenig dem Genius der altchristlichen Grabinschriften. Diese Schwierigkeiten verschwinden, wenn man χορταθῶν in dem Sinne nimmt, den es in den Worten des Heilandes in der Bergpredigt hat (Matth. V, 6 [coll. Luc. V, 21]): Μακάριοι οἱ πεινώντες καὶ διψώντες τὴν δικαιοσύνην · ὅτι αὐτοὶ χορτασθήσονται, d. h. sie werden in die ewige Seligkeit eingehen. Diese Seligkeit erfleht Pectorius für seine Eltern und Geschwister, welche ihm in die Ewigkeit vorangegangen sind. — Ich gebe demnach den zweiten Theil der Inschrift in folgender Uebersetzung wieder: *Ichthy igitur satia, te supplex rogo, Domine Salvator; bene requiescat mater, te precor, lumen mortuorum. Aschandi pater, meis carissime visceribus, tu, cum matre dulcissima (?) et fratribus meis, in pace Domini dormias tuumque in mente habens Pectorium.* Auf diese Weise bietet die Inschrift ein wohlgefügtes Ganze; der erste Theil behandelt die zwei Hauptsacramente: die Taufe als conditio sine qua non, und die Eucharistie als das Unterpfand der Auferstehung zum ewigen Leben (*qui manducat hunc panem* [ΙΧΘΥΝ], *vivet in aeternum*); der zweite Theil ist der Application dieser Wahrheit auf den vorliegenden Fall gewidmet; den Schluss bildet die Bitte um das Gebet der Seligen, damit der Ueberlebende das gleiche Ziel erreiche. — Versteht man sich zu einer solchen Auffassung der Inschrift, so erhalten die Ergänzungen einen hohen Grad von Wahrscheinlichkeit.

³ So finden wir auch in dem sibyllinischen Gedichte neben dem Akrostich ΙΗΣΟΥΣ ΧΡΕΙΣΤΟΣ ΘΕΟΥ ΥΙΟΣ ΣΩΤΗΡ als zweites Akrostich ΣΤΑΥΡΟΣ.

und der Cyclus der Fresken der sogen. Sacramentskapellen, deren enger Zusammenhang mit der Inschrift des Pectorius unverkennbar ist, beginnt, wie die Inschrift, mit dem Quell, führt uns alsdann zu dem auf dem Tische aufgetragenen ΙΧΘΥC und schliesst mit Scenen, die sich auf die Auferstehung beziehen. Gerade so schliesst ferner auch Irenäus, der Kirchenlehrer Galliens, seine Lehre über die Eucharistie, indem er versichert, *dass sie die Hoffnung auf die Auferstehung zum ewigen Leben gewähre* (τὴν ΕΛΠΙΔΑ τῆς εἰς αἰῶνας ἀναστάσεως)[1]. Nicht anders wird auch der Verfasser des ursprünglichen Gedichtes auf die Erwähnung des Quells und der *süssen Speise des Erlösers der Heiligen* in den Schlussversen seine „Hoffnung auf die Auferstehung zum ewigen Leben" ausgedrückt haben.

Ueber das Alter der Inschrift von Autun sind die Gelehrten getheilter Ansicht; wegen der länglichen Form der Buchstaben weist man sie bald dem vierten, bald dem fünften Jahrhundert zu, ja selbst das sechste hat seine Vertreter. De Rossi hat sich mit Recht dagegen erhoben; schon die geheimnissvolle Ausdrucksweise, welche derselben Gedankensphäre, wie die der Aberciusinschrift, entstammt, mahnt uns an die Zeit, in welcher die Kirche Galliens mit der von Kleinasien in einem regen Wechselverkehr stand, nämlich an die Wende des zweiten und dritten Jahrhunderts. Und was dann die Buchstabenform betrifft, so kann man unter den wenigen griechischen Inschriften Galliens aus dem vierten und fünften Jahrhundert keine einzige anführen, welche der des Pectorius gleicht; dagegen verweist de Rossi auf das in zwei Sprachen verfasste Epigramm des Sextus Varius Marcellus, des Vaters Heliogabals, welches in der Buchstabenform von der Pectoriusinschrift sich wenig unterscheidet[2]: diese wurde aber vor dem Regierungsantritt des Kaisers (218) eingemeisselt. Aus diesen Gründen wird man die Inschrift des Pectorius spätestens in die erste Hälfte des dritten Jahrhunderts ansetzen müssen.

Wir kommen nun zu der synthetischen Besprechung der Epigramme des Abercius und Pectorius und der Fischgemälde von S. Callisto.

Die ersten vier Verse der Pectoriusinschrift feiern den *nie versiegenden, unsterblichen Quell göttlicher Wasser, aus welchem dem göttlichen Geschlecht des himmlischen ΙΧΘΥC Heiligkeit und Weisheit in reichlicher Fülle zufliessen.* Den gleichen Anfang nimmt der mystische Cyclus der Malereien der sogen. Sacramentskapellen[3]; da sehen wir an der Spitze den Quell, der aus dem Felsen herausströmt; unmittelbar daran schliesst sich in A² das Bild des evangelischen Fischers an, der aus dem Wasser, welches dem Felsen entquollen ist, einen

---

[1] Adv. haer. l. IV, c. 18, ed. Migne, PP. graec. VII, col. 1029. Eine sehr alte Inschrift, deren Fragmente in s. Priscilla in der Region der *Acilii* zum Vorschein kamen, schliesst mit der gleichbedeutenden Acclamation: ΕΙC ΑΝΑCΤΑCΙΝ ΑΙΩΝΙΟΝ. Die Fragmente befinden sich in der grossen Kapelle, die aller Wahrscheinlichkeit nach die sterblichen Reste des Consul und Martyr Acilius Glabrio aufgenommen hat.

[2] C. I. L. X, 6569.

[3] Wir berücksichtigen besonders die beiden ältesten Kammern A¹ und A².

Fisch an der Angelschnur herauszieht; in dem nämlichen Wasser wird in A³ ein Knabe durch den Priester getauft [1]. Wer denkt da nicht gleich an die Worte Tertullians: "Nos pisciculi secundum IXΘYN nostrum Jesum Christum in aqua nascimur, nec aliter quam in aqua permanendo salvi sumus"? [2] Also die Christen sind *das göttliche Geschlecht des himmlischen Fisches* (IXΘYOC OYPANIOY ΘEION ΓENOC); sie sind die *Fischlein* (pisciculi in aqua nascimur), die *in dem Wasser geboren* werden, welches aus dem Felsen strömt, der nach dem Apostel *Christum* (IXΘYC) bedeutet; *nach dem Vorgange Christi* (secundum IXΘYN) getauft, sollen sie *im Stande der Taufgnade verharren* (in aqua permanendo salvi) *und beständig Weisheit des ewigen Lebens aus dem unversiegbaren Quell der göttlichen Gnaden schöpfen.* Diese Wahrheiten bringen in schönster Harmonie durch verschiedene Bilder und Worte die gallische Inschrift des Pectorius, der Afrikaner Tertullian und die aus dem Ende des zweiten und Anfang des dritten Jahrhunderts stammenden Gemälde von S. Callisto zum Ausdruck.

Der alten Symbole eingedenk verbindet den IXΘYC Jesus Christus mit dem Taufquell neben anderen noch im beginnenden fünften Jahrhundert der Dichter Orientius: "Piscis natus aquis auctor baptismatis ipse est." [3] In demselben Sinne setzt Abercius, nachdem er den arcanen IXΘYΣ erwähnt, sofort AΠO ΠHΓHΣ *(aus dem Quell)* hinzu; er nennt ihn ΠANMEΓEΘH KAΘAPON *(den übergrossen, reinen),* um ihn von den *Fischlein* (pisciculi) zu unterscheiden, die erst durch die Taufe der Heiligkeit des himmlischen Fisches (IXΘYOC OYPANIOY) theilhaft werden.

Abercius sagt von dem IXΘYΣ AΠO ΠHΓHΣ, dass *die makellose Jungfrau ihn ergriffen* habe (ON EΔPAΞATO ΠAPΘENOΣ AΓNH). Diese Worte sind nicht *allegorisch* von der Kirche zu verstehen, sondern im wörtlichen Sinne zu nehmen und auf die jungfräuliche Mutter des göttlichen IXΘYC zu beziehen. Das geht deutlich aus der Satzconstruction hervor; der Dichter unterscheidet nämlich die *heilige Jungfrau* (ΠAPΘENOΣ AΓNH), welche *den IXΘYΣ aus dem Quell ergriffen*, von derjenigen, die er *allegorisch* als die Spenderin des IXΘYΣ in dem eucharistischen Mahle einführt: diese ist *der Glaube* (ΠIΣTIΣ). — Ein byzantinischer Anonymus, der vieles aus den sibyllinischen Büchern compilirt hat, gebraucht, wo er von der heiligen Jungfrau Maria redet, Worte, die an die Ausdrucksweise des Abercius anklingen: Πηγὴ ὕδατος πηγὴν πνεύ-

---

[1] Auf die Taufscene folgt in A³ das Bild des Gichtbrüchigen, der geheilt sein Bett nach Hause trägt. Tertullian (s. S. 34) sieht in diesem biblischen Ereignisse ein Vorbild der Taufe, in welcher die geistige Krankheit, die Sünde, nachgelassen wird, wie durch das Wunder der Gichtbrüchige von der leiblichen Krankheit befreit wurde. Wir haben hier also für die Taufe drei Darstellungen: einen Fischer, den Taufact selbst und ein Vorbild aus der Heiligen Schrift.

[2] Zu vergl. die Stelle des hl. Paulinus (S. 40 Anmk. 5), welche die in Rede stehenden Malereien gleichfalls trefflich commentirt.

[3] *Explanatio nominum Domini* v. 145 ed. Ellis (Corp. script. eccl. Lat. acad. Vindob. — Poetae Christ. minores P. I, p. 240).

ματος ἀνέλαβε, ἕνα μόνον 'ΙΧΘΥΝ ἔχουσα, τῷ τῆς Θεότητος ἁγκίστρῳ λαμβανόμενον, τὸν πάντα κόσμον, ὡς ἐν θαλάσσῃ διαγινώμενον, ἰδίᾳ σαρκὶ τρέφοντα (*Fons aquae fontem spiritus suscepit unum et solum* 'ΙΧΘΥΝ *habens, captum hamo divinitatis, qui mundum universum velut in pelago versantem propria carne nutrit*)[1]. Der Byzantiner nennt Maria ΠΗΓΗ (Quell): diesen Titel führte in Constantinopel eine berühmte Kirche und Bild der heiligen Jungfrau; das Wortspiel πηγὴ ὕδατος πηγὴν πνεύματος verräth kein hohes Alter, das Uebrige drückt dasselbe aus, was wir in den Versen 12—16 der Aberciusinschrift lesen.

In diesen Versen enthüllt Abercius das Geheimniss des ΙΧΘΥΣ als der Speise derer, die der Glaube (ΠΙΣΤΙΣ) nährt, und erörtert so das dritte Distichon der Inschrift des Pectorius, in welchem der Dichter *das göttliche Geschlecht des himmlischen* ΙΧΘΥΣ *einladet, die süsse Speise des Erlösers der Heiligen zu nehmen und mit Verlangen den* ΙΧΘΥΣ *zu geniessen*. Dass dieser die Eucharistie bedeutet, wird wohl niemand ernsthaft in Abrede zu stellen versuchen; Abercius selbst lehrt es mit klaren Worten, indem er sagt, dass die Speise, welche der Glaube (ΠΙΣΤΙΣ) seinen Alumnen vorsetzt, nicht ein wirklicher Fisch sei, sondern der mystische ΙΧΘΥΣ (Jesus Christus), *den die heilige Jungfrau ergriffen*, und dass das Mahl, in welchem der ΙΧΘΥΣ dargereicht wird, nicht aus Fischen, sondern aus *Brod und mit Wasser vermischtem Wein* bestehe (οἶνον χρηστὸν ἔχουσα, κέρασμα διδοῦσα μετ' ἄρτου).

Was die beiden Inschriften hier in Worten lehren, bietet sich uns in den Fresken von S. Callisto im Bilde dar. Die Inschrift des Pectorius spricht in den Versen, die sich auf die Eucharistie beziehen, nur von dem ΙΧΘΥΣ, von „der süssen Speise des Erlösers der Heiligen", ohne des Weines ausdrücklich zu gedenken; dasselbe gilt von den eucharistischen Gemälden, die sich in den Sacramentskapellen eng an die Darstellungen der Taufe anschliessen. In der Kammer A³ fanden wir für die Taufe drei Bilder; in drei Bildern führte der Künstler auch die Eucharistie vor: wir sehen auf der dem Eingange gegenüberliegenden Wand rechts ein Vorbild aus dem Alten Bunde, das Opfer Abrahams[2]; links vollzieht sich die eucharistische Opferhandlung des Neuen Bundes: ein mit dem Philosophenmantel[3] bekleideter Priester hält seine Hände nach den Gegenständen hin, welche auf dem dreifüssigen Tische liegen, nämlich ein Brod und ein Fisch (ΙΧΘΥΣ)[4]; neben dem Fische steht eine betende weibliche Figur, in welcher de Rossi die Personification der ΠΙΣΤΙΣ erkennt; den Raum zwischen den beiden Scenen füllt das Mahl der sieben Jünger am See

---

[1] Pitra *Spicil. Solesm.* III, p. 518; *Anal. Spicil. Solesm.* III, p. 176; de Rossi a. a. O., p. XXIII.
[2] Vergl. de Rossi, *Roma sott.* II, 342 sq.
[3] S. weiter unten S. 96 Anm. 1.
[4] Auf fast allen bisher veröffentlichten Abbildungen erscheint der Fisch, ähnlich wie in den Mahlscenen, auf einem Teller; auf dem Original dagegen sehen wir ihn ohne Teller einfach aufliegen. Wir heben diesen anscheinend geringfügigen Umstand hier hervor, weil er für die Erklärung der Fischgemälde von S. Callisto von nicht zu unterschätzender Bedeutung ist, wie wir S. 95 Anm. 1 noch näher ausführen werden.

§ 1. Die Inschriften des Abercius und Pectorius.

Tiberias, die um einen Tisch gelagert sind; auf dem Tische erblickt man zwei Fische und vor demselben acht Körbe mit Brod, die eine unverkennbare Anspielung an die (zweimal erfolgte) wunderbare Speisung der Menge durch den Herrn (Matth. 14, 17 ff.; Luc. 9, 13 ff.; Joh. 6, 4 ff; Matth. 15, 36 ff.) enthalten. Sowohl in dem Mahl der Sieben als auch in den beiden Speisungen sahen die Alten ein Vorbild des eucharistischen Mahles [1]. Es besteht also in A² zwischen den Darstellungen der Taufe und Eucharistie ein vollständiger Parallelismus: bei beiden ist dem Typus der Antitypus, dem Vorbild die Wirklichkeit gegenübergestellt [2]. — In A² finden sich für die Eucharistie nur zwei Bilder: neben der Taufscene sehen wir das Mahl am See Tiberias, in Verbindung mit den brodgefüllten Körben; diese Scene unterscheidet sich von dem Mahl in A² nur durch die Eigenthümlichkeit, dass die Sieben ohne alle Bekleidung an dem Tische lagern, also gerade so, wie sie eben von dem Fischfang aus Land gestiegen sind. Das zweite eucharistische Bild, in der Lunette an der Decke, stellt den dreifüssigen Tisch zwischen sieben brodgefüllten Körben dar; auf dem Tische liegt der **Fisch ohne Teller** neben zwei Broden.

Abercius spricht auf seiner Inschrift von **beiden eucharistischen Gestalten** (οἶνον χρηστὸν ... μετ' ἄρτου): ihm entsprechen die bekannten Fischdarstellungen aus dem ältesten Theile von S. Callisto (S. Lucina); wir sehen daselbst zweimal einen Fisch, der im Wasser schwimmt (ΙΧΘΥΣ ΑΠΟ ΠΗΓΗΣ) und auf dem Rücken einen mit **Brod** gefüllten Korb trägt, aus welchem ein Glas mit rothem **Wein** durchschimmert.

Die besprochenen Monumente zeigen uns demnach die Eucharistie bald unter einer bald unter beiden Gestalten, aber immer zusammen mit dem **Fisch**. Den Grund dieser Erscheinung legt uns Irenaeus nahe, ein Schüler Polycarps und Bischof von Lyon, also der berufenste Interpret der Inschriften des Pectorius und Abercius. Er lehrt, dass man in der Eucharistie zwei Elemente: ein *irdisches* und ein *himmlisches* unterscheiden müsse; das irdische seien die mit den Sinnen wahrnehmbaren Gestalten des Brodes und Weines, welche durch die Consecrationsworte (ἔκκλησις τοῦ Θεοῦ) in das himmlische Element, d. i. in das Fleisch und Blut Jesu Christi übergehen (σῶμα καὶ αἷμα τοῦ Κυρίου) [3]. Diesen versinnbildet aber der Fisch (ΙΧΘΥ͂), *den die heilige Jungfrau ergriffen*, den Pectorius ΟΥΡΑΝΙΟΝ nennt.

Den Schluss dieses Abschnittes mögen die Worte bilden, mit denen de Rossi den gleichen Abschnitt beschliesst: „Tam praeclaro consensu monu-

---

[1] Zu vergl. S. 46 f.; s. Ambrosius, *de virgg.* III, 1 ed Migne, *PP. lat.* XVI, col. 220.
[2] Dieser Parallelismus ist um so beachtenswerther, als er schon für sich allein die Richtigkeit der Deutung unserer Gemälde verbürgt.
[3] Adv. haer. L IV c. 18 col. 1029 : ... ἀπὸ γῆς ἄρτος προσλαμβανόμενος τὴν ἔκκλησιν τοῦ θεοῦ, οὐκέτι κοινὸς ἄρτος ἐστίν, ἀλλ' εὐχαριστία, ἐκ δύο πραγμάτων συνεστηκυῖα, ἐπιγείου τε καὶ οὐρανίου κ. τ. λ.; weiter oben braucht er für die Eucharistie die gleichbedeutenden Worte: τὸ σῶμα τοῦ Κυρίου καὶ τὸ αἷμα αὐτοῦ.

mentorum Asiae, Galliarum, Urbis Romae manu prope dixerim tangitur, quam vere Abercius litteris lapidi incisis publice testatus sit, fratres unius fidei tesseram et foedere ubique (ΠΑΝΤΗ) devinctos ab Oriente ad Occidentem ab Urbe Roma usque Nisibim iisdem secum mysteriis communicasse; et eius sermoni intentos, unanimes excepisse doctrinam pastoris immaculati (ΠΟΙΜΕΝΟΣ ΑΓΝΟΥ). Huius autem pastoris imago sive picta sive sculpta summum ubique fastigium obtinuit veterum symbolorum artis Christianae." [1]

Jetzt wollen wir uns wieder zu Achelis wenden und seine Forschungen prüfen, die er an den römischen Monumenten mit dem Fischsymbol ausgeführt hat.

§ 2. Die römischen Epitaphien (mit gelegentlicher Berücksichtigung der Forschungen Schultze's).

a. Der Delphin bei den ersten Christen identisch mit ΙΧΘΥΣ.

„Am Schluss des ... Aufsatzes" über den ΙΧΘΥΣ „unternimmt de Rossi", so Achelis S. 55, „eine vollständige Aufzählung aller der römischen Sculpturen, welche einen Fisch aufzeigen. Es sind 75 Monumente, wovon eins ein Sarkophag" (der LIVIA PRIMITIVA), „eins ... wohl ein Stück aus dem Wandgetäfel einer Villa ist ...; alle übrigen sind tituli von Gräbern. Bei 64[2] von ihnen steht die römische Provenienz fest; bei den übrigen ist sie wenigstens wahrscheinlich. Ferdinand Becker ist auch in diesem Punkte durchaus de Rossi gefolgt, und hat diese 75 Monumente ohne weitere Kritik in seine Arbeit aufgenommen. Er hat aber noch eine Reihe neuer Epitaphien hinzugefügt: 16 ausserrömische und 3 nach de Rossi's Publikation gemachte Funde, so dass er 94 Nummern aufzählen kann."

Achelis geht natürlich auch hier nur *kritisch* vor: zunächst behandelt er „nur die römischen Monumente"; sodann scheinen ihm „von diesen 78 Nummern" „einige zu streichen zu sein", so vor allem die Delphine. „De Rossi", sagt er, „nimmt ohne weiteres an, dass auch die Delphine Träger der ΙΧΘΥΣ-Symbolik seien; er begründet dies nicht, identificirt aber Fisch und Delphin vollständig, so dass er sogar den Delphin als piscis aufführt."

Wie de Rossi, so „erklärt" auch Mommsen (J. R. N. n. 7185) den Delphin „für einen piscis"; und wenn Achelis, was für ihn Pflicht war, die Sarkophage in den Kreis seiner ΙΧΘΥΣ-Studien gezogen hätte, so würde er gefunden haben, dass auch die alten Christen derselben Ansicht waren. Denn unter den auf S. 38 erwähnten Sarkophagen sind viele, auf denen wir bei den Darstellungen der wunderbaren Vermehrung der Fische und Brode — Delphine sehen; und auf mehreren Ringsteinen, die Achelis

---

[1] A. a. O. p. XXIV. Man vergleiche nun die geradezu komischen Deutungen, welche Achelis für die eben besprochenen Gemälde von S. Callisto sich ausgesonnen hat. Wir drucken sie ohne besondern Commentar auf S. 80 ff. ab.

[2] Die Ziffern beziehen sich auf Beckers Schrift (s. oben S. 38).

gleichfalls verschmäht hat, ist bei dem Delphin das Wort ΙΧΘΥC eingravirt [1].

Doch dieses sei nach Achelis heute ein überwundener Standpunkt: „es scheint ... der Delphin nicht nur naturgeschichtlich in eine andere Klasse zu gehören als der gewöhnliche Fisch, sondern er ist auch gerade in seiner archäologischen Verwerthung ganz anders zu beurtheilen". Ein späterer Forscher wird die auf dem Gebiete der Gastronomie gemachten Fortschritte in die christliche Alterthumskunde hineinziehen und die Fischmonumente nach culinarischen Gesichtspunkten classificiren: er wird demgemäss alle diejenigen Fische ausscheiden, die als mehr oder weniger ungeniessbar und daher für die Symbolik als entbehrlich vorausgesetzt werden können. Dann wird die ΙΧΘΥC-Forscherei ihren höchsten Triumph feiern! Achelis „schliesst" also mit Unrecht „die Delphindenkmäler hier aus" (bei Becker a. a. O. n. 45, 72, 79, 80, 24, 53).

„Bei fünf weiteren Monumenten aber vermag" Achelis „in den als Fisch bezeichneten Bildern keinen Fisch zu erkennen" (n. 27. 42. 43. 55. 94); somit „bleiben 67 römische Fischmonumente übrig, deren Besprechung" ihm „hier obliegt".

„Von jeher", sagt Achelis (S. 57), „sind nun alle diese Fischbilder stillschweigend für symbolische Darstellungen Christi oder der Christen gehalten worden. Dass letztere Deutung unmöglich ist, haben wir schon oben gesehen; aber auch die Deutung auf Christus darf für die ganze Menge der Monumente von vornherein nicht als ausgemacht gelten. Die neuesten Katakombenschriftsteller V. Schultze und Hasenclever, haben nämlich verschiedentlich darauf hingewiesen, dass noch andere Motive als die Symbolik die Anbringung von Fischbildern bedingt haben mögen." Nach diesen „neuesten Katakombenschriftstellern" „könnte der Fisch auch angebracht sein:
1. als Illustration zu dem Namen des Verstorbenen,
2. als reines Ornament,
3. als Bezeichnung des Gewerbes des Verstorbenen".

Ein näheres Eingehen auf diese Frage wird jedoch zeigen, dass keine einzige der drei Behauptungen sich bewahrheitet.

b. Der Fisch als angebliche „Illustration zu dem Namen des Verstorbenen".

Achelis beginnt mit einer allgemeinen Bemerkung; er macht (S. 58) darauf aufmerksam, „dass zuweilen die Bilder der Monumente in deutlicher Beziehung zu dem daneben stehenden Namen des Verstorbenen stehen, und nur dieser Beziehung wegen in den Stein geritzt wurden ... So sehen wir neben dem Namen Porcella ein Schwein, neben Dracontius einen Drachen, neben Aquilinus und Aquilina einen Adler, zu Leo einen Löwen, zu Perna einen Schinken, zu Passer einen Sperling, zu Anser eine Gans, zu Onager

---

[1] Vergl. auch S. 9 und oben S. 40 Anm. 5, wo der Delphin in gleicher Bedeutung mit ΙΧΘΥC erscheint.

einen Esel, zu Nabira ein Schiff gesetzt". Hierzu die Anmerkung: „So nach V. Schultze, Katak. S. 142 Anm. 6; Hasenclever S. 198 und Anm. 2."

Es ist zu bedauern, dass Achelis das Werk Liell's über die Darstellungen Mariae in den Katakomben nicht gelesen hat. Liell richtet daselbst aus Gründen, die er im Vorwort nennt, die Waffen seiner Polemik besonders gegen Schultze. Um einen Einblick in die Art und Weise zu gewinnen, wie dieser die Denkmäler „einer eingehenden Untersuchung" zu unterziehen pflegt, hat er dessen Schriften, soweit sein Zweck es erforderte, einer kritischen Prüfung unterworfen, ja selbst die Mühe nicht gescheut, die vielen Citate in jedem einzelnen ihn interessirenden Falle nachzuschlagen und sie auf ihren Werth oder Unwerth zu prüfen. Dadurch vermochte er Schultze in das richtige Licht zu stellen und gestaltete sich seine Polemik zu einer „vernichtenden"[1]. Hätte Achelis dieses geahnt, er würde sicherlich nicht so sorglos die Resultate der Schultze'schen Forschungen sich angeeignet haben. Und mit vollem Recht, denn in den gleichen Eigenschaften, in denen sich Schultze Liell präsentirt hat, zeigt er sich auch uns[2]. So schon wieder bei dieser Begegnung in der eben erwähnten Anmerkung 6, die wir näher untersuchen wollen.

Für Dracontius citirt Schultze: „Boldetti (Osservazioni) S. 386." Was sehen wir da? Einen schlecht reproducirten Fisch neben der Formel in pace, der also hier (IN PACE) ET IN CHRISTO bedeutet[3].

Für Aquila bürgt derselbe Boldetti S. 397: hier sehen wir eine Taube, die in dieser ganz arbiträren *Buchdruckerform* (!) auf S. 370 in Verbindung mit dem Palmzweig und einer Traube, S. 371 mit dem Kranze, S. 409 mit dem Anker und S. 384. 432. 475. 482 isolirt wiederkehrt. Das zweite

---

[1] Meine Recension in der *Zeitschrift für kathol. Theologie* 1887 S. 311 f. Eine wissenschaftliche Erwiederung auf die Kritik Liells ist von Seiten Schultze's noch immer nicht erfolgt. In dem schon öfters genannten Aufsatz *über den gegenwärtigen Stand der kirchlich-arch. Forschung* (a. a. O. S. 307 f.) gedenkt Schultze mit wenigen Worten der Schrift Liells; er verdächtigt zunächst den Verfasser als einen *Ultramontanen*, warnt dann ausdrücklich vor den „farbigen Abbildungen" seines (Liells) Werkes und sagt zum Schluss: „Mit dem Inhalt des Buches (Liells) im einzelnen sich auseinanderzusetzen, wäre hier nicht der Ort. Es würde auch nichts nützen." Auch wir sind der Ansicht, dass „es nichts nützen würde", denn das Object der Polemik Liells contra Schultze sind, wie wir uns überzeugt haben, nicht mehr oder minder berechtigte Meinungsverschiedenheiten, sondern wirkliche, factische Irrthümer, ein nothwendiger Ausfluss der oberflächlichen Behandlung, die Schultze den Monumenten angedeihen lässt. Was sodann die Verdächtigung der „farbigen Abbildungen" des Liell'schen Buches betrifft, so müssen wir im Interesse der Wissenschaft dagegen protestiren, da sie mit einer peinlichen Sorgfalt und Treue angefertigt sind. Mit uns stimmt in diesem Punkte der in Rom weilende protestantische Archäologe Johannes Ficker überein, der darüber wörtlich Folgendes sagt: „Liell (gibt) in seinen Mariendarstellungen ... *genaue* zum Theil neue Zeichnungen" (*Die Arbeit der christlichen Archäologie* u. s. w. in der *Zeitschrift für Kirchengeschichte* 1888 S. 254).

[2] Nicht viel günstiger urtheilt Georg Wissowa (*Deutsche Literaturzeitung* 1888 Nr. 44 Sp. 1504 ff.) über das neueste Werk Schultze's: *Geschichte des Untergangs des griechisch-römischen Heidenthums*.

[3] Zu vergl. S. 81 f.

Citat für **Aquila** ist: „De Rossi, Rom. Sott. I, t. 22, 12". Die nämliche Täuschung; auch da ist eine **Taube**, wie tav. XX, 18 und besonders tav. XXI, 3, wo sie einen **Oelzweig im Schnabel** trägt.

Für **Perna** verweist Schultze auf „Armellini, s. Agnese t. 14, 4". Dieses „Epitaph" der „Perna" erschien ihm so werthvoll, dass er die Zeichnung desselben in seine „Katakomben" (S. 137 Fig. 37) aufnahm. Das Original ist jedoch kein Epitaph, sondern der Schild eines Victualienladens, den man in seiner länglichen Form als Verschlussplatte eines Kindergrabes in der Katakombe der hl. Agnes, wo er noch heute ist, verwendet hat; er ist aus Terracotta, und der Schinken wie das erklärende Wort PERNA sind a rilievo verhältnissmässig schön ausgearbeitet.

Die **Anser** holte Schultze aus de Rossi's Rom. Sott. II, t. XLV, 59. Indes auch hier ist eine misslungene Taube, die sich nicht viel von derjenigen unterscheidet, welche oben von Schultze für einen Adler ausgegeben wurde; das Wort „Anser" ist gänzlich aus der Luft gegriffen und darum schüchtern mit einem ? versehen, das Achelis als etwas Störendes weggelassen hat.

Von der **Gans** kommt Schultze auf den **Fisch**; wir lesen: „Melitius: Bold., S. 409 (hier also der Fisch nicht symbolisch)." Dazu bemerkt selbst Achelis (S. 58 Anm. 3): „Wenn Schultze ... den Fisch dort als Anspielung auf den Namen Melitius erklärt, so muss ich gestehen, dass mir keine Verbindung zwischen diesem Namen und dem Fisch herstellbar ist."

Es bleiben somit nach Abzug des **Leo** (de Rossi, Rom. Sott. II, t. XLV, 73) noch **Porcella** und **Passer** übrig; diesen sah Schultze „auf einem Epitaphe im Museo Nazionale zu Neapel"[1], jene bei dem unzuverlässigen Boldetti (S. 376), der sich wohl dieses Mal nicht geirrt haben wird.

Unter **neun** Citaten haben sich also nur **drei** bewahrheitet, die übrigen **sechs sind zu streichen!**

Hasenclever vermehrt die Thierscala um einen **Onager**, den Boldetti (S. 428: „un giumento delineato nella calcina") in den Kalk eingeritzt entdeckt haben will.

Lange vor den „neuesten Katakombenschriftstellern V. Schultze und Hasenclever" hat de Rossi in seinen Werken gezeigt, „dass noch andere Motive als die Symbolik die Anbringung" von Bildern auf den Grabsteinen bedingt haben. Achelis möge versuchsweise den zweiten Band der *Rom. Sott.* p. 309 aufschlagen; da wird er folgende in grossen Lettern gedruckte Aufschrift lesen: **Simboli ed immagini delle arti, professioni, nomi proprii e della persona dei defonti.** Dieser Gebrauch der Symbole wurde nicht von den Christen eingeführt, sondern existirte bereits; und als die Heiden zum Christenthume übertraten, fuhren sie, wie wir früher (S. 2) schon einmal betont haben, weiter fort, als Menschen zu existiren: es liegt also wenig Befremdendes in jenem

---

[1] Das Original bietet die sonderbare Inschrift ARSACIPASSAR und darunter einen Vogel.

Gebrauch. Will man sich demnach mit Achelis und seinen Gewährsmännern wundern, so sei es darüber, dass die Christen solche Namen, wie Porcella, Onager u. a. sich beigegeben haben. Lächerliche Namen finden sich auch bei den Heiden; aber wie sie da zu den Ausnahmen gehören, so auch bei den Christen. Was vollends die Grabsteine mit diesen beiden phonetischen Zeichen betrifft, so sind sie im buchstäblichen Sinne des Wortes Unica. Das wird aber nicht hervorgehoben.

„An die Möglichkeit," so Achelis S. 58, „dass auch Fische in einzelnen Fällen nur" als phonetische Zeichen „angebracht wurden, haben die katholischen Archäologen — soweit ich sehe — noch nicht gedacht . . . Erst V. Schultze hat einen ausreichenden Gebrauch von diesem Gedanken gemacht, und fünf Monumente (bei Becker n. 10. 21. 80. 91) dieser Klasse zugewiesen. Es kommen hier nur die Monumente in Betracht, bei denen der Name des Verstorbenen eine Beziehung auf Fisch, Schiffahrt, Meer u. dgl. enthält." Zu „den von V. Schultze angeführten Steinen" fügt Achelis als Ergebnis eigener Forschung „noch fünf andere hinzu (n. 11. 43. 46. 55. 81)", „wo die Namen Marinna, Lucius, Lucite, Ἀμαντίς, Maritima die gesuchte Beziehung enthalten" sollen.

Jener „ausreichende Gebrauch", den Schultze und, diesem nachfolgend, Achelis von dem „Gedanken" machen, dass auf den Grabsteinen auch Fische bisweilen nur auf den Namen des Beigesetzten anspielen, beruht jedoch auf einer irrthümlichen Uebertreibung. Denn der Umstand, dass in vereinzelten Ausnahmefällen das „phonetische Bild" kein christliches Symbol ist, wie z. B. der onager oder porcella, berechtigt nicht zu dem Schlusse, dass in den Fällen, wo das von allen Forschern als Symbol anerkannte Zeichen auf den Namen anspielt, dieses Symbol deswegen seinen Charakter verliert; ein solcher Schluss würde zu Inconsequenzen führen. Das einzige, was man vernünftiger Weise hier sagen kann, ist, dass der Künstler durch den Namen der Verstorbenen vielleicht bisweilen bestimmt wurde, gerade dieses Symbol, und nicht ein anderes zu wählen.

Einen schlagenden Beweis für die Richtigkeit dieser Behauptung bietet bald das erste Epitaph, das Achelis in seiner Detailforschung bespricht (bei Becker n. 10). Schultze widmete demselben in seinen „Studien" (S. 229 ff.) eine eingehende Würdigung, die wir näher berücksichtigen müssen, da sie aufs neue zeigt, wie er die Monumente behandelt. Um dem Leser ein selbständiges Urtheil zu ermöglichen, geben wir auf Taf. I, 3 eine phototypische Abbildung des Steines, die nach einer Photographie gemacht wurde. „Was zuerst", so V. Schultze, „den genaueren Fundort anbetrifft, so berichtet Marchi, dass das Monument an dem Hügelabhange hinter St. Peter auf dem Terrain eines gewissen Vanutelli gefunden worden sei, d. h. also in einer solchen Entfernung von dem Apostelgrabe, dass entweder die Zugehörigkeit desselben zu diesem zu verneinen, oder aber auf dem vatikanischen Gebiete die Existenz eines umfangreichen Friedhofes anzunehmen ist."

Aus dem Fundorte allein folgt jedoch weder das eine noch das andere, da die Möglichkeit nicht ausgeschlossen ist, dass das Fragment von seinem ursprünglichen Orte verschleppt wurde[1]. Trotzdem halten wir es mit Schultze für wahrscheinlich, „dass dieses einem besonderen kleinen Coemeterium des Vatikan angehört habe", aber nicht einem unterirdischen, wie er meint, sondern einem oberirdischen. Darauf weist die Form des Steines (Cippus, Stela) hin, und „ausserdem ist die dortige Bodenbeschaffenheit der Anlage unterirdischer Bauten ausserordentlich ungünstig".

„Doch wichtiger ist", sagt Schultze weiter, „die Frage, wie das Monument chronologisch zu fixiren sei." Die nun folgende Beweisführung ist ganz eigenartig: zunächst behandelt er das Denkmal als ein christliches und kommt — nil difficile volenti! — ungeachtet der Sigla D · M, der alten Symbole (Fisch und Anker) sowie der „ziemlich guten Schriftcharaktere" zu dem Schluss, „dass es aus dem vierten Jahrhundert" stamme, dass man infolge dessen „nicht berechtigt" sei, „die Inschrift als Zeugniss für den vorconstantinischen Ursprung des betreffenden Coemeteriums anzurufen". Dann unterscheidet Schultze an dem Steine „die Spuren zweier Epochen": in der ersten sei er heidnisch gewesen, in der zweiten habe man ihn „durch die hinzugefügten Worte IXΘYC ZΩNTΩN" zu einem christlichen „gestempelt". Er schreibt (S. 230): „Aus einer genauen Prüfung des Titulus ergibt sich, dass derselbe die Spuren zweier Epochen trägt, genauer, dass die Worte IXΘYC ZΩNTΩN von christlicher Hand nachträglich einer heidnischen Inschrift hinzugefügt sind." Dieses wird in folgender Weise begründet: „Bei der Voraussetzung, dass die genannten Worte der ursprünglichen Inschrift angehören, und dass ebenso die Fische und der Anker von dem Künstler in der Bedeutung graffirt wurden, welche dieselben in der christlichen Symbolik haben, ist es schon schwer denkbar, dass mit diesem energischen christlichen Bekenntnisse, das aus dem Geleise des Gewöhnlichen durchaus heraustritt (die Inschrift IXΘYC ZΩNTΩN findet sich sonst nicht), das D · M in Verbindung mit dem auf heidnischen Epitaphien ungemein häufigen bebänderten Kranze verknüpft sein sollte, und zwar noch dazu in der Weise, dass die Sigla des Heidenthums die hervorragendste Stelle erhält."

Wir erwiedern: 1) Der grosse Gegensatz zwischen dem „energischen Bekenntnisse" und der heidnischen Sigla erklärt sich bei einer nüchternen Betrachtung sehr einfach durch die begründete Annahme, dass der Christ den Stein in der heidnischen Offizin mit der Sigla und dem bebänderten Kranze fertig vorfand, diese heidnischen Zeichen also mit in den Kauf nahm. Dass der Stein wirklich aus einer heidnischen Werkstätte stammt, beweist eben seine Form, welche, wie schon gesagt wurde, die einer Stela ist. Die Stelen

---

[1] Wie die Inschriften zerstreut wurden, sehen wir z. B. an derjenigen der Agape (oben S. 4), die in S. Priscilla begraben war; einen kleinen Theil der Inschrift fand de Rossi in der Katakombe, ein grösseres Fragment in Rocca di Papa, das mehrere Meilen von Rom entfernt ist.

kamen aber nur bei oberirdischen Gräbern in Anwendung, wurden daher von den christlichen Sculptoren Roms, die gewöhnlich nur für die unterirdischen Katakomben zu arbeiten hatten, nicht gemeisselt. — Von der nämlichen Hand, welche die Sigla und den bebänderten Kranz graffirte, stammen auch die für einen Heiden unverständlichen Symbole mit der erklärenden Inschrift IXΘYC ZΩNTΩN; eine andere Hand, aber nicht eine andere Epoche, lassen die übrigen Worte vermuthen[1]. 2) Der Hinweis auf „die hervorragendste Stelle" der heidnischen Sigla dürfte wohl kaum ernstlich gemeint sein, denn Schultze weiss recht gut, dass die Sigla, sobald sie auf einem Epitaph erscheint, in der Regel die gleiche Stelle, nämlich die Spitze der Inschrift, behauptet.

Der folgende Grund ist eine leere Phrase: „Auch ergibt das Dazwischentreten des IXΘYC ZΩNTΩN eine Anfüllung des einleitenden Theiles der Inschrift, die beispiellos ist." Nun kommt die ratio principalis: „Vor allem aber entscheidet ein Vergleich der Buchstabenformen, dass die Worte IXΘYC ZΩNTΩN eine spätere Zuthat sind. X, C, N, T weichen in den getheilten Inschriften durchaus von einander ab, und, als Ganzes beurtheilt, steht das glatt und sauber ausgeführte IXΘYC ZΩNTΩN in einem scharfen Contrast zu der weit weniger sorgfältig gemeisselten untern Inscription."

Es scheint, dass die Phantasie hier Schultze einen ähnlichen Streich gespielt, wie oben S. 48 Achelis; denn wäre seine Hypothese von den „zwei Epochen" richtig, so müsste umgekehrt die „untere Inscription", weil die ältere, „glatt und sauber ausgeführt", IXΘYC ZΩNTΩN dagegen als „spätere Zuthat" „weit weniger sorgfältig gemeisselt" sein!

Zum Schluss macht Schultze „noch auf die Form des Monumentes" aufmerksam, „welche" ihn „an die Verschlussplatten der Urnenkassetten erinnert". An was sie uns erinnert hat, wurde schon gesagt.

„Auf Grund dieser Erwägungen" erkennt Schultze „in den Worten IXΘYC ZΩNTΩN die spätere Zuthat einer christlichen Hand, veranlasst durch die Figuren der Fische und des Ankers, welche bekannte christliche Symbole sind, aber auch auf heidnischen Epitaphien sich finden. — Dieser Zusatz aber kann erst in einer Zeit gemacht worden sein, wo man sich ungestraft heidnische Epitaphien aneignen konnte, d. h. im vierten Jahrhundert . . ."

Auf der vorhergehenden Seite haben wir gehört, dass das ganze Monument aus dem vierten Jahrhundert stamme: also fällt die Entstehungszeit des ursprünglich heidnischen Epitaphs mit seiner Besitzergreifung für einen christlichen Zweck zusammen, und doch soll die letztere weit später erfolgt sein!

In der letzten Bemerkung setzt Schultze seinem Forschen die Krone auf: „Das Monument hat bei den Christen natürlich nicht als Epitaph gedient, sondern als Verschlussplatte eines Loculus. Daraus erklärt sich auch wohl,

---

[1] Ueber das Alter der Stela äussert sich de Rossi (*Bullett.* 1870 p. 59), dass sie „di età del secolo incirca secondo o degli inizii del terzo" sei; wir haben keinen Grund, dem Meister zu widersprechen.

§ 2. Die römischen Epitaphien.

dass unten ein Stück der Tafel abgeschlagen ist", während man, fügen wir hinzu, die für einen Grabverschluss äusserst unbequemen Eckzacken (Acroterien) als einen besonderen Schmuck dem Steine beliess!

Eine solche „Forschung" konnte selbst Achelis nicht vertragen, so dass er in einer nicht üblen Weise dagegen Front machte. Seine Einwände (S. 59 f.) sind so vernünftig, dass man einen andern zu hören meint; erst im letzten Satze erkennt man ihn wieder. Dort lesen wir: „Nach diesem allem halte ich es für sicher, dass der Stein in der Vaticanischen Basilika aufgestellt war." In welcher Eigenschaft, fragen wir, soll er denn in der Peterskirche existirt haben?[1]

Der christliche Charakter der besprochenen Inschrift steht also ausser allem Zweifel[2]. In ihr haben wir nun ein Beispiel, wo die Möglichkeit nicht aus-

---

[1] Lange vor Achelis hat Ferd. Becker in seiner fleissigen Schrift „Die heidnische Weiheformel D · M" (S. 19 ff.) die Irrthümer Schultze's zurückgewiesen.

[2] Schultze ist der einzige, der sich dagegen aufgelehnt hat; das Motiv, welches ihn dazu bewogen, erfahren wir auf Seite 77. Aus dem gleichen Grunde versuchte neuestens Erbes („Die Gräber und Kirchen Pauli und Petri in Rom" in der „Zeitschrift für Kirchengeschichte", Bd. VII, S. 16 f.) das hohe Alter unserer Inschrift zu bestreiten; der Gelehrte that es jedoch in einer Weise, dass wir ihm: si tacuisses, philosophus mansisses! zurufen müssen. Nach ihm „gehörte ... unser Monument" „offenbar" einem „oberirdischen Friedhof an", der „erst seit Constantins Zeit angelegt" wurde, „und zwar war es hier keine wagerecht liegende Verschlussplatte, sondern stand, wie seine Form beweist und de Rossi, Bull. 1872, p. 100, selbst gesteht (!), aufrecht wie unsere Grabsteine. Daran können die Ornamente nichts ändern; und warum sollte es nicht auch in nachconstantinischer Zeit solche Leute gegeben haben, die gern etwas Extraes, Alterthümliches haben wollen! Dazu sind die Schriftzüge zwar noch leidlich schön, aber nicht so fest, gradlinig und markig als die im zweiten und dritten Jahrhundert gewöhnlichen, und ganz ähnliche Schriftzüge findet man noch in Handschriften, die bestimmt ins vierte und fünfte Jahrhundert gehören (vgl. Zangemeister u. Wattenbach, Exempla codicum lat. Tab. XI—XV). Und gerade in nachconstantinischer Zeit begegnet man auf christlichen Inschriften dem von Tertullian noch verpönten Kranz und dem nun nicht so ängstlich vermiedenen D · M (vgl. die ... Schrift Ferd. Beckers über diese Weiheformel, bes. S. 61 f.)".

In diesen Zeilen ist ungefähr alles unrichtig: 1) Seit wann ist ein oberirdisches Grab ipso facto aus der constantinischen Zeit? De Rossi und alle anderen Archäologen kennen subdiale Grabanlagen aus der Zeit der Verfolgungen; ersterer schreibt (Roma sott. III, p. 394): „nelle nozioni generali premesse al tomo primo della presente opera ho dimostrato, cimiteri dei fedeli in aree ed orti all' aperto cielo essere stati latitati nel tempo medesimo delle persecuzioni; massime nei luoghi, ove a scavarli nelle viscere della terra mancavano le condizioni opportune: in Roma poi, che ad ogni maniera di ipogei tanta facilità e facoltà offeriva, l'uso dei cristiani cimiteri sotterranei essere stato più o meno prevalente fino a tutto l'impero incirca di Costantino; senza esclusione però dei sepolcreti sopra terra" ecc. Wenn also de Rossi von unserm Steine sagt, derselbe sei „über dem Grabe a fior di terra aufgestellt" gewesen, so ist das nicht ein Geständniss — dazu liegt gar kein Grund vor —, sondern eine einfache Constatirung der Thatsache, an der freilich auch „die Ornamente" — Erbes meint die Symbole — „nichts ändern" können. 2) Der Ausruf mit den „Leuten ... die gern etwas Extraes, Alterthümliches haben wollen!" kann vielleicht zur Erhellung des Lesers dienen, ist aber nicht wissenschaftlich. 3) Wenn Erbes glaubt, dass „die im zweiten und dritten Jahrhundert gewöhnlichen Schriftzüge fest, gradlinig und markig sind" und die Grabschrift der Licinia Amias infolge dessen nicht aus jener Zeit stammen könne, so entspricht sein Glaube durchaus nicht der objectiven Wirklichkeit; Erbes kann sich selbst

geschlossen ist, dass der Fisch auf den Namen der Verstorbenen anspielt: hat er deswegen aufgehört, ein christliches Symbol zu sein? Keineswegs; denn über dem Fisch befindet sich die erläuternde Legende IXΘΥC ZΩNTΩN, d. i. Jesus Christus, Gottes Sohn, Erlöser der Lebendigen[1]. Mit demselben Recht fordert der Fisch seinen symbolischen Charakter auch auf den übrigen drei Monumenten (bei Becker n. 21. 67. 81), wo Achelis entweder mit oder ohne Schultze nur eine „Spielerei mit dem Namen" annehmen will:

1. · M · AVR · AMMIANVS · FECIT ·
SIBI · ET · COIVGI SVAE CORNE
LIAE TRYFERATI BENE CONBE
· NIEN   TIBVS ·
Fisch

2. PELAGIAE
RESTITVTAE
FILIAE · DVL
Anker Fisch Anker

3. ΜΑΡΙΤΙΜΑ ΣΕΜΝΗ ΓΛΥΚΕΡΟΝ ΦΑΟΣ ΟΥ ΚΑΤΕΛΕΙΨΑΣ
Fisch
ΕΣΧΕΣ ΓΑΡ ΜΕΤΑ ΣΟΥ Anker ΗΑΝΑΘΑΝΑΤΟΝ ΚΑΤΑ ΠΑΝΤΑ
Fisch
ΕΥΣΕΒΕΙΑ ΓΑΡ ΣΗ ΠΑΝΤΟΤΕ ΣΕ ΠΡΟΑΓΕΙ

(Maritima sancta, dulce lumen haud reliquisti, habebas enim tecum [IXΘΥN] immortalem super omnia; nam tua tibi pietas ubique praeivit.)

Das erste Epitaph bringen wir in Fac-simile auf Taf. I, 2; es stammt von einem Doppelgrabe her, welches Marcus Aurelius Ammianus für sich und seine Gemahlin Cornelia Tryferas zu seinen Lebzeiten in der Katakombe des hl. Hermes an der Via Salaria Vetus errichten liess. Der Fisch (IXΘΥC) gehört zu CONBENIENTIBVS und bedeutet hier so viel als der Ausdruck IN DOMINO; bene convenire (scil. in matrimonium) bezieht sich auf die *glückliche Ehe*, welche die Genannten *im Herrn* (Fisch) *führten*.

Auch auf der zweiten Inschrift ist der Fisch das Symbol Jesu Christi. Die Verdoppelung des Ankers geschah, ähnlich wie die Verdoppelung des Fisches auf der Stela der Licinia Amias und auf der Inschrift der MAPITIMA,

---

durch einen Einblick in die IV. Tafel von de Rossi's *Musco epigrafico cristiano* (Triplice omaggio) von der Richtigkeit des Gesagten überzeugen: dort findet er acht Epitaphien aus den Jahren 71. 238. 273. 279. 290. 291. 296. 298, von denen kein einziges jene Prädicate verdient, kein einziges so „leidlich schön", wie der in Rede stehende Cippus ist 4) Dass „ganz ähnliche Schriftzüge ... noch in Handschriften des vierten und fünften Jahrhunderts" auftreten, beweist nichts gegen das hohe Alter der Inschrift, deren Buchstabenform bei den zwei letzten Zeilen sich der Form der gemalten Inschriften nähert, welche besonders in der Zeit der Antonine im Gebrauch war. 5) Der letzte Satz enthält eine archäologische Abnormität, an welcher die in der Anmerkung citirte Schrift Beckers keinen Antheil hat.

† Wichtig ist das Epitaph auch deswegen, weil es zeigt, dass die Verdoppelung der Fische nur aus symmetrischen Rücksichten geschehen ist. Dasselbe gilt auch von der Inschrift der MAPITIMA.

nur aus symmetrischen Rücksichten; in Verbindung mit dem Fisch drückt der Anker (IXΘYC-EMHC) die alte Formel: SPES IN DOMINO aus.

Die metrische Inschrift der MAPITIMA wurde zum erstenmal von Boldetti, mit gewohnter Nachlässigkeit, veröffentlicht [1]. Marini stellte die ursprüngliche Lesart wieder her, ohne jedoch das richtige Verständniss der beiden Symbole zu erschliessen [2]; dieses haben erst Pitra [3] und besonders de Rossi [4] gethan, dem wir uns auch hier wieder anschliessen. Die Verschiedenheit des Metrums (zwei Hexameter und ein Pentameter) sind ein untrügliches Zeichen, dass die Inschrift aus Versen oder Hemistichen älterer Gedichte besteht. In der That lesen wir den ersten Vers, jedoch in direct entgegengesetzter Bedeutung, auch auf dem heidnischen Epigramm eines siebenjährigen Knaben, Namens Aurelius Antonius, welcher *Priester aller Götter* war. Die untröstlichen Eltern weinen dort über den Verlust ihres *heiligen* Knaben, der *das süsse Licht verlassen* (EAIION ΓΛYKEPON ΦΛΟΣ); sie klagen, dass *die heilige* (ΣEMNΩΣ) *Verwaltung des Priesteramtes* ihm nichts genützt habe [5]. Der Verfasser der christlichen Inschrift dagegen versichert, dass *Maritima das süsse Licht nicht verlassen habe* (ΓΛYKEPON ΦΛΟΣ OY KATEΛEIΨAΣ); denn sie war eine *Heilige* (ΣEMNH), war unterrichtet in den Glaubenslehren des *himmlischen Ichthys* (IXΘYC OYPANIOY), dessen Gebote sie HTOPI ΣEMNΩ treu beobachtet hat, indem sie nie den Weg der Frömmigkeit (THΣ EYΣEBEIAΣ) verliess. Deswegen erlangte sie das ewige Licht, den IXΘYC selbst, *das Licht der Verstorbenen* (ΦΩC TO ΘANONTΩN). Diese Ausdrücke sind der Inschrift von Autun mit Rücksicht auf die Symbole des Ankers und der beiden Fische entnommen, welche nicht ohne Grund vor das Epitheton ΠANAΘANATON gesetzt wurden. Dieses könnte man grammatikalisch zwar auch auf das ΓΛYKEPON ΦΛΟΣ des ersten Verses beziehen, hier muss es jedoch mit dem im Bilde dargestellten IXΘYC verbunden werden, dessen *süsse Speise* MAPITIMA *mit Verlangen genossen* (EΣXEΣ ΓAP META ΣOY IXΘYN), und der die Quelle aller *Hoffnung* (Anker) auf die Auferstehung zum ewigen Leben ist.

Wir finden also unter den römischen Epitaphien kein einziges, auf welchem der Fisch nur „ein phonetisches Zeichen" wäre. Es bleibt somit bei der oben ausgesprochenen Behauptung, dass der Fisch in den Fällen, wo er auf den Namen der Verstorbenen anspielt, seinen symbolischen Charakter — als Symbol Jesu Christi — nicht verliert.

An letzter Stelle (S. 62 ff.) behandelt Achelis, seinem Programm zuwider, eine Inschrift aus Ravenna (bei Becker n. 91), welche die bekannte Form einer Stela hat. Sie lautet: VALERI(a)E MA`RI(a)E M(arcus) VALERIVS EPAGATHVS | CONSERV(a)E | SORORI ET | CONIVGI QVA | CVA (irrthümlich für cum) VIXIT AN(nos) ' XXXVIII VV (vivens oder nach de Rossi virginius virginiae) POS(uit); über der Inschrift erblicken wir in den beiden Eckzacken

---
[1] *Osservazioni sopra i Cimiteri*, p. 370.   [2] *Iscriz. Albane*, p. 188.
[3] *Spicil. Solesm.* I, p. 569.   [4] *Inscript. christ.* II. P. I, p. XXVI sq.
[5] Marini a. a. O. p. 180 sgg.

die Sigla M(e)M(oriae), in der Mitte in zwei concentrischen Kreisen das Monogramm Christi ⨯, und darunter zwei von einander abgewendete Fische. „Die christliche Provenienz" derselben wurde von vielen Gelehrten bestritten; de Rossi führte sie daher in seinem Aufsatze über den IXΘΥC (S. 554. 564) als eine controverse auf, wie das jeder ernste Forscher gethan haben würde. Nachdem er aber das Original selbst einer genauen Prüfung unterworfen und mit anderen ravennatischen Epitaphien „del primitivo cimitero cristiano di Classe" verglichen hatte, erklärte er es für entschieden christlich, worin ihm Dr. Bormann, der Herausgeber des XI. Bandes des Corpus Inscriptionum latinarum, beistimmte. Wegen der Wichtigkeit der Inschrift veröffentlichte er sie in Fac-simile[1] in einer längern Arbeit seines *Bullettino* a. 1879 p. 106 sgg. tav. VIII n. 1. Als Gründe für den christlichen Ursprung des Steines machte er die Form der Fische, das Monogramm Christi, die Sigla M M für die heidnische D M und endlich den Inhalt der Inschrift geltend. An Schultze ging dieses Resultat spurlos vorüber, denn er will noch in seinen (1882 erschienenen) „Katakomben" (S. 129) behaupten können, dass die Inschrift heidnisch sei. Achelis, der die Arbeit de Rossi's gelesen, hätte aus ihr wenigstens das lernen sollen, dass die Sigla M M nicht „wohl aus Versehen statt D · M" sondern für McMoriae steht; denn de Rossi bringt dort zwei andere ravennatische Inschriften, auf denen MEMORIAE ganz ausgeschrieben ist, und eine dritte heidnische, die man später nach Beseitigung der Weiheformel D · M zu christlichen Zwecken verwendete.

De Rossi hat für die räthselhafte Verbindung der Attribute „conservae sorori et coniugi" eine geistreiche Erklärung gefunden, auf die wir hier nur verweisen können. Auf Achelis machte sie einen andern Eindruck: er findet sie „zu abenteuerlich, als dass sie eine ernsthafte Beachtung verdiente". Wie beschaffen seine Interpretation ist, wollen wir bald sehen. Er stellt zunächst die Lesart fest, indem er das abgekürzte Praenomen (M) des M(arcus) Valerius Epagathus zu dem vorhergehenden Dativ MARI(a)E zieht und daraus einen Nominativ Mariem bildet; dann macht er aus dem M. Valerius Epagathus zwei Persönlichkeiten und vertheilt schliesslich die drei Attribute „conservae sorori et coniugi" auf seine Mariem, den Valerius und Epagathus. Nach dieser That schreibt er mit voller Zuversicht: „Also die Verstorbene ist Valeria, welcher ihre Mitsklavin Mariem, ihr Bruder Valerius und ihr Gatte Epagathus den Denkstein setzten." Für so etwas fehlt in der wissenschaftlichen Sprache ein geeignetes Wort.

In einer andern Eigenschaft zeigt sich Achelis in der zugehörigen Anmerkung (S. 63). Um das Monogramm Christi zu verdächtigen, schreibt er: „von den concentrischen Kreisen sagt de Rossi: ‚quel segno talvolta è semplice ornamento adoperato anche dai pagani'"; das Folgende, die Haupt-

---

[1] Nach diesem Fac-simile wurde unsere Phototypie (Taf. I, 4) hergestellt.

sache, wird verschwiegen: „ma niun esempio ne appare nell' epigrafia pagana ravennate, o nei monumenti cristiani di Ravenna quella faggia di monogramma fu assai usitata." Das nennen wir „unvollständig und falsch" citiren[1].

Zur bessern Kenntniss Schultze's sei hier noch einer Forschung gedacht, die dieser in seinen „Studien" (S. 232 ff.) einem der interessantesten IXΘYC-Monumente angedeihen liess: wir meinen den Sarkophag der LIVIA PRIMITIVA (bei Becker n. 71), welcher auf dem Vatican gefunden wurde.

„Der in Frage stehende Sarkophag", sagt Schultze, „ist an der Vorderwand mit Strigiles bearbeitet, in welchen eine Tafel geebnet ist. Diese trägt die sehr schön und correct ausgeführte Inschrift: LIVIA NICARVS | LIVIAE PRIMITIVAE | SORORI FECIT Q · V · AN · XXIIII · M · VIIII. Darunter sind folgende Darstellungen graffirt: Links ein Fisch in verticaler Richtung, in der Mitte ein Hirt in kurzer Tunika, von zwei Schafen begleitet, die zu ihm aufblicken, ein drittes trägt er auf der Schulter; an der rechten Seite ein Anker ... Die vortreffliche Ausführung der Inschrift hat zuerst Reinesius ... veranlasst, den christlichen Ursprung derselben in Frage zu stellen; nach ihm sind Sarkophag wie Inschrift heidnisch; die Embleme dagegen seien später, als das Monument in christlichen Besitz und Gebrauch überging, hinzugefügt worden. Gegen diese Conjectur hat Bottari ... mit Recht bemerkt, dass in diesem Falle das Zusammendrängen der Inschrift auf den obern Theil der Tafel und das Freilassen des unteren Theiles unbegreiflich bliebe. Den Neuern gilt das Monument mit allen seinen Details allgemein als christlich. Trotzdem, glaube ich, liegt der Conjectur des Reinesius eine richtige Beobachtung zu Grunde. Denn wenn es Thatsache ist, dass erst seit dem Ende des dritten Jahrhunderts Sarkophage mit christlichen Emblemen begegnen, die Inschrift des vaticanischen Sarkophags aber einer mindestens ein Jahrhundert zurückliegenden Periode angehört, ... wie mit ziemlicher Gewissheit behauptet werden kann, so ist in der That keine andere Lösung gegeben, als eine ähnlich derjenigen, welche Reinesius vorschlägt."

Wir wollen Schultze glauben, dass er „in der That keine andere Lösung" gefunden hat; für uns liegt keine Schwierigkeit vor, die eine Lösung erheischte. Warum? Zunächst darf man aus dem Umstande, dass die erhaltenen Sarkophage mit christlichen Sculpturen frühestens aus dem dritten Jahrhundert stammen, nicht schliessen, dass es in Wirklichkeit keine älteren gegeben hat. In den Katakomben der hhl. Domitilla und Priscilla gibt es ganze Gallerien, die nach dem Urtheile aller Forscher im ausgehenden ersten und im zweiten Jahrhundert angelegt wurden. In diesen Gallerien sieht man zu beiden Seiten grosse Nischen, die zur Aufnahme von Sarkophagen dienten; die Nischen sind geblieben, die Sarkophage dagegen verschwunden. Sollte unter ihnen kein einziger gewesen sein, der mit irgend einer christlichen Sculptur versehen war? Die Verneinung der Frage wäre um so unwahrschein-

---

[1] Vergl. S. 48.

licher, als Frankreich einen Sarkophag mit schön gearbeiteten christlichen Sculpturen aus dem zweiten Jahrhundert besitzt (Le Blant, *Sarcoph. de la Gaule* pl. LIX. p. 157). Wir brauchen aber nicht nach Frankreich zu gehen; auch Rom hatte einen mit christlichen Sculpturen geschmückten Sarkophag aus dem zweiten Jahrhundert. Derselbe wurde, wie die Stela und der Sarkophag der Livia Primitiva auf dem Vatican ausgegraben und kam später in ein Privathaus gegenüber dem „Collegio di Capranica". Das Original ist leider seit langem verschollen, doch besitzen wir eine von Bosio veröffentlichte Copie (*Roma Sott.* p. 95), welche mit den Copien der noch erhaltenen Sarkophage mit Reliefbildern verglichen, ziemlich getreu zu sein scheint. Die Frontseite bietet drei Felder: in dem rechten steht der gute Hirt zwischen Bäumen und seiner Heerde; er ist mit der gegürteten Exomis und hohen Schuhen bekleidet und trägt das wiedergefundene Schäflein auf den Schultern. In dem Felde zur Linken sehen wir eine verschleierte Orans zwischen Bäumen und umgeben von Vögeln, von denen einige auf den Bäumen, andere am Boden sitzen. Das mittlere Feld enthält eine Inschrift, die inhaltlich, wie auch in der Form der Buchstaben mit der der Livia Primitiva grosse Aehnlichkeit hat: SATURNINVS | ET MVSA · FILIO | DVLCISSIMO | FECERVNT. Die Inschrift, wie die beiden Reliefbilder, weisen auf eine gute Kunstepoche hin, die Haltung der Figuren ist frei und voller Leben, dabei von einer natürlichen Wahrheit, die nichts von dem starren Zwange an sich hat, der die christlichen Sculpturen der constantinischen und nachconstantinischen Zeit charakterisirt: wir haben hier offenbar einen Sarkophag des zweiten Jahrhunderts vor uns. Der von Schultze oben angeführte Grund erweist sich somit als unzureichend; es gibt Sarkophage mit christlichen Symbolen aus dem zweiten Jahrhundert, wenngleich sie nur seltene Ausnahmen sind: eine solche Ausnahme ist auch der Sarkophag der Livia Primitiva.

Alle Bedenken müssen gegenüber diesem Monument verschwinden bei der Erwägung der Thatsache, dass es nicht mit Sculpturen, sondern, wie die erste beste Verschlussplatte eines Loculus, mit graffirten Symbolen geschmückt ist; graffirte Symbole dem zweiten Jahrhundert abzuforschen, wäre aber selbst für Schultze nur eine Danaidenarbeit.

Der Curiosität halber wollen wir nur einen Einblick in die Schultze'sche „Lösung" der imaginären Schwierigkeit nehmen. Er schreibt: „Es ist bekannt, dass die antike Kunst den ein Schaf tragenden Hirten ebenso wie die christliche besessen hat ... Was aber das hier in Frage stehende Graffito anbetrifft, so wird dasselbe durch zwei Eigenthümlichkeiten bestimmt als nichtchristlich erwiesen. Auf den christlichen Monumenten hält der Hirte das Schaf entweder mit beiden Händen oder mit einer Hand an zwei oder allen vier Beinen fest, oder das Thier liegt, ohne überhaupt gehalten zu werden, auf der Schulter, was in Wirklichkeit freilich eine Unmöglichkeit ist. Auf dem Sarkophage der Livia Primitiva aber hält der Hirt mit der Rechten die Hinterbeine" (verbess.: Vorderbeine) „des Schafes und umfasst mit der linken

Hand den ganzen (!) Hinterkörper, was in den so zahlreichen Darstellungen des guten Hirten sich nirgends findet".

Wo das beweisende Moment hier liegt, ist schwer abzusehen; Schultze schafft sich wieder eine Schwierigkeit, die keine ist. Wenn der christliche Künstler „den ein Schaf tragenden Hirten" so darstellen konnte, dass „das Thier, ohne überhaupt gehalten zu werden, auf der Schulter liegt, was in Wirklichkeit freilich unmöglich ist", um wie viel mehr konnte er uns dasselbe Sujet in so naturgetreuer Wahrheit vorführen, wie er es auf unserem Sarkophage gethan hat! Mit Unrecht beruft sich sodann Schultze für das Bild des Hirten auf die Antike, denn auf unserem Sarkophage erscheint dieser nicht isolirt, sondern zwischen zwei Schafen: eine Zusammenstellung, welche die heidnische Kunst nicht kannte, während sie der christlichen eigenthümlich war.

„Eben so ist es", lesen wir weiter, „in der christlichen Kunst beispiellos, dass die den Hirten umstehenden Widder mit den Geschlechtstheilen abgebildet werden". Dagegen bemerken wir, dass das Wort „beispiellos" hier an unrechter Stelle angebracht ist; denn die gleiche, von Schultze gerügte Eigenthümlichkeit begegnet uns, von Mosaiken zu schweigen, auf dem bekannten Fresco der „Cripta delle pecorelle" in S. Callisto (die Abbildungen [1] sind in diesem Punkte ohne Ausnahme ungetreu); begegnet uns auch auf drei Goldgläsern bei Garrucci (*Vetri* tav. I, 6; VI, 5, 9). Woher übrigens auf einmal diese zimperliche Schamhaftigkeit? Bei den ganz nackten Darstellungen des Jonas und Daniel spricht derselbe Schultze von „idealer Nacktheit"; hier, bei dem Anblick der unschuldigen Zeichnung eines Widders redet er sogar von „Obscönen"!

„Diese Argumentation", so Schultze, „erhält eine entscheidende Bestätigung durch die auch einem weniger geübten Auge leicht erkennbare Stilverschiedenheit, welche zwischen der mittlern Gruppe und den Seiten-Emblemen obwaltet. Die Mittelgruppe hat eine elegante Zeichnung und ist, wie sonst kein einziges altchristliches Graffito, sorgfältig und sachverständig schattirt. Fisch und Anker aber haben unsichere Umrisslinien und gar keine Schattirung; der eine Arm des Ankers ferner ist unrichtig verkürzt, ein Fehler, der dem Verfertiger des Mittelgraffito's nicht wohl zuerkannt werden kann. Auch sind die Linien der Nebengruppen viel tiefer" (und doch „unsicher"?) „eingeschnitten als die des Hauptbildes, und jene treten in die geschmackvolle Anordnung dieses störend herein."

Was „auch ein weniger geübtes Auge" in dieser Gruppe „leicht" erkennen kann, ist uns gleichgiltig; die geübten Augen eines de Rossi, eines Le Blant u. a., welche das Original, nicht bloss die Copien, untersuchten, haben diese angebliche „Stilverschiedenheit" nicht zu entdecken vermocht. Was ferner die „unsicheren Umrisslinien" der Nebengruppen betrifft, so ist

---

[1] De Rossi, *Roma Sott.* II tav. d'aggiunta A; Garrucci II, 18 n. 2.

das bare Willkür, zu der in dem Monumente kein Grund vorliegt, und an der Verkürzung oder besser gesagt Umbiegung des rechten Ankerarmes trägt der Raummangel die Schuld, der den Künstler zu diesem Auswege gezwungen hat. Unmöglich ist es sodann zu errathen, aus welcher Abbildung[1] Schultze geschlossen hat, dass die Linien der Nebengruppen „viel tiefer eingeschnitten" seien; diese stören übrigens die geschmackvolle Anordnung des ganzen Bildes keineswegs, sondern schliessen es harmonisch ab.

Das Facit aus seiner „Studie" zieht Schultze auf S. 235: „Wie bei dem oben besprochenen Titulus (der Licinia Amias) die beiden Fische durch die hinzugefügten Worte ΙΧΘΥC ΖΩΝΤΩΝ zu christlichen Symbolen gestempelt werden, so ist hier die Gestalt des Hirten durch die Zuthaten des Fisches und des Ankers christianisirt worden; und offenbar sind diese Nebengruppen in bewusster Intention beigegeben, um nämlich den heidnischen Ursprung des Monumentes, speciell des ‚Hirten' zu verdunkeln (!) ... Auch ist zu beachten, dass die Verbindung des Guten Hirten mit Fisch und Anker sich nur auf Monumenten constantinischer und nachconstantinischer Zeit findet, also diese Composition sehr wahrscheinlich damals erst aufgekommen ist." Zum Beweise dafür beruft er sich (Anm. 2) auf drei Gemmen und ein Epitaph bei Becker n. 31. 57. 7. 43. — Alle diese Citate beweisen — nichts; denn auf dem Epitaph fehlt der Fisch, und auf den Gemmen 7. 31 der Anker, während 57 nicht eine „Composition" des guten Hirten mit Fisch und Anker, sondern ein Conglomerat von acht Symbolen bietet. Dagegen verweisen wir Schultze auf den gallischen Sarkophag des zweiten Jahrhunderts, wo wir den guten Hirten, einen Anker und den Fisch erblicken, welcher an der Angelschnur aus den Fluthen herausgezogen wird[2].

---

[1] Die alten Publicationen (ebenso Becker a. a. O. S. 63) bieten eine ganz unbeholfene und unbrauchbare Zeichnung des graffirten Gruppenbildes; eine dem Original mehr entsprechende Copie gaben de Rossi (*Bullett.* a. 1870 tav. V) und Garrucci (*Storia* V, 296. 3), doch sind diese Abbildungen etwas modernisirt; der Zeichner des letzteren zumal hat das Graffito als Relief behandelt und einen Schlagschatten beigefügt. Als die verhältnissmässig getreueste Publication erschien mir immer diejenige, welche Le Blant in seinen *Sarcophages d'Arles* (p. IV) gebracht hat; diese bot für die Phantasie Schultze's gar keine Nahrung, weshalb sie denn auch von ihm mit keiner Silbe erwähnt wurde.

[2] Während Schultze in dieser fast komischen Weise sich Gewalt anthun musste, um seinen Zweck zu erreichen, war es für Erbes eine leichte Mühe, ähnliches, wie jener, zu erzielen. „Noch leichter", schreibt er von unserm Sarkophage (a. a. O. S. 19), „kann man das Ganze für ein älteres christliches Werk ansehen, das später zur Beisetzung im Vatican zum zweitenmal benutzt worden, indem nicht bloss die alten Symbole, sondern auch der alte Name unversehrt gelassen und der neue Name etwa auf dem verlorenen Deckel angebracht wurde, wie das nachweislich gar nicht selten vorgekommen ist. So sieht man z. B. im Boden der von de Rossi aufgedeckten Basilika der Petronilla, die doch erst 392 erbaut wurde, einen und den andern mit Löwen" (verbess.: Löwenköpfen) „und Wellen verzierten, dem unsern ganz ähnlichen, an klassischer Schönheit der Ausführung ebenbürtigen Sarkophag, der zu einer zweiten und dritten Beisetzung benutzt worden, indem man die alten Namen an ihrem Platze beliess und die neuen Namen in den Deckel schrieb." — Dieser kurze Nachweis enthält eine fatale Confusion von verschiedenen Irrthümern: 1) Der Sarkophag der Livia Primitiva ist nicht „mit Löwenköpfen verziert", daher auch nicht mit den zwei klassisch

§ 2. Die römischen Epitaphien.

Man fragt sich staunend, warum Schultze den Sarkophag der Livia Primitiva und die Stela mit dem ΙΧΘΥC ΖΩΝΤΩΝ einem so gewaltsamen Forschen unterworfen habe! Die Antwort darauf erklärt alles. Schultze behandelt den Sarkophag wie die Stela in einer „Studie" über „das Grab des Petrus", in welcher er beweisen muss, dass „die Vorstellungen, die darüber in Umlauf sind, ... vollständig in der Luft schweben und als rein subjective Constructionen zu beurtheilen sind", mit anderen Worten: „dass das Grab des Petrus eine unbekannte Grösse ist, welche zu bestimmen uns die Mittel fehlen" (S. 255). Um dieses Resultat zu erzielen, war es vor allem nothwendig, jede Möglichkeit an ein vaticanisches Coemeterium aus vorconstantinischer Zeit illusorisch zu machen. Einem solchen Ansinnen stellten sich aber jene beiden auf dem Vatican gefundenen Monumente wie zwei Gespenster drohend entgegen; diese galt es also zunächst aus dem Wege zu räumen. Auf sie warf sich denn auch Schultze mit der ganzen Wucht seiner „unbefangenen Forschung". Der Erfolg war vorauszusehen: es gelang ihm wirklich, beide Gespenster — zu erwürgen! Daher darf er es uns nicht verargen, wenn wir ungeachtet seiner Resultate weiter fortfahren, nicht bloss diese zwei Denkmäler, sondern auch den von Saturninus und Musa ihrem Sohne gesetzten Sarkophag als monumentale Zeugnisse für die Thatsache zu betrachten, dass der Vatican ein Coemeterium besass, dessen Anfänge in die apostolischen Zeiten hinaufreichen.

Um den Sarkophag der Livia Primitiva für die Zukunft vor Misshandlungen zu sichern, wandte ich mich an Herrn Le Blant mit der Bitte, mir einen Papier-Abdruck der Inschrift und Symbole zu senden. Der Gelehrte erwies mir bei seiner Liebenswürdigkeit nicht bloss diesen Gefallen, er unterwarf auch, zusammen mit Herrn Villefosse, dem Conservator des Antikenmuseums im Louvre, den Sarkophag einer genauen Untersuchung, und zwar mit besonderer Berücksichtigung der von Schultze erhobenen Einwände[1]. Das Ergebniss dieser Untersuchung theilte mir Herr Le Blant in den bündigen Worten mit: „La supposition que vous vous proposez de combattre, n'est pas soutenable; Ms. de Villefosse et moi avons examiné le monument à ce point de vue." Unsere Taf. I n. 1 bietet eine sechsfach ver-

---

gearbeiteten Sarkophagen zu vergleichen, die „man im Boden der Basilika der Petronilla sieht"; 2) *diese zwei* Monumente haben zwar Löwenköpfe, aber keine Inschrift, welch letzteres auch von einem dritten gilt, das aber aus einer spätern Zeit (III. Jahrhundert) stammt und an den Ecken Löwen, die Hirschkühe würgen, aufweist; 3) die drei genannten Sarkophage kamen nicht nach 302 unter den Fussboden der Basilika, sondern sind bis heute unverrückt an ihrem ursprünglichen Posten verblieben, nämlich in den Nischen einer der ältesten Gallerien der Petronillaregion, die durch den spätern Bau der Basilika eine vollständige Umänderung erlitten hat. Dass dieses im Jahre 302 geschah, ist, nebenbei gesagt, auch nicht ganz genau; wir wissen aus den Monumenten nur, dass der Bau zwischen 301 und 305 ausgeführt wurde. — Was dann Erbes noch gegen das hohe Alter der Inschrift der Livia Primitiva vorbringt, eignet sich nicht für eine wissenschaftliche Widerlegung.

[1] Für diese Bemühungen spreche ich beiden Herren hier öffentlich meinen verbindlichsten Dank aus.

kleinerte Phototypie des Papier-Abdruckes; dieselbe ist sehr gut gelungen und gibt das Original vollständig getreu wieder, wie mein Freund Herr Kirsch versichert, der vor wenigen Monaten den Sarkophag öfters zu sehen Gelegenheit hatte. Demnach ist unsere Copie als die erste genaue Publikation des werthvollen Sarkophages zu betrachten.

c. Der Fisch als angebliches „reines Ornament".

„Die verschiedene Beantwortung der Frage, in wie weit die Bildwerke als Ornamente aufzufassen sind, und in wie weit symbolisch, ist vielleicht der Punkt, in dem die katholischen und die jüngsten protestantischen Katakombenforscher am weitesten auseinandergehen. Seit Bosio ... ist es fast ein Dogma bei den katholischen Interpreten geworden, dass jede Figur in den Katakomben ein heiliges Symbol, ein Zeichen für eine christliche Idee sei; und noch heute wird die symbolische Auffassung für die Bilder der Epitaphien fast ohne Ausnahme von den Archäologen dieser Richtung festgehalten." — So Achelis, der nie ein Katakombenbild, nie einen Katakombenstein gesehen, und dem für seine Fischarbeit, von den neueren Werken nicht zu reden, „die ältere Literatur über den Fisch mit wenigen Ausnahmen nicht zugänglich war"!

„V. Schultze", hören wir weiter, „hat sich zuerst in den ‚Prolegomena über die Symbolik des altchristlichen Bilderkreises' (‚Studien' S. 1 ff.), dann aber auch in seinen übrigen Arbeiten hiergegen erklärt, und eine ganze Reihe von Darstellungen aus dem symbolischen Cyclus gestrichen, doch ohne eigentlich den Kreis der Ornamente zu vergrössern. Diesen Schritt hat zuerst Hasenclever gethan, der den gesammten altchristlichen Gräberschmuck für wesentlich ornamental hält" u. s. w. Nun lässt Achelis seine eigenen Erwägungen folgen: „Bei den Fischdenkmälern, welche den Fisch als einziges Bild tragen, liegt die Annahme wohl zu fern, dass es sich dort um ein blosses Ornament handle, sondern es scheint die allein natürliche Annahme zu sein, dass hier das Symbol Christi dargestellt werden sollte. Die bei weitem grössere Klasse der Fischdenkmäler aber trägt ausser dem Fische noch andere Bilder, und hier könnte man allerdings auf den Gedanken kommen, dass diese lediglich ornamentaler Schmuck der Platten sind. De Rossi hat diese Möglichkeit nicht erwogen; er sucht sogar auf den Steinen, wo sich mehrere Bilder befinden, eine noch tiefere Symbolik zu entdecken, die eben dadurch entstehen soll, dass mehrere Symbole zusammengesetzt wurden. Gehen wir seinen Spuren nach!" Jetzt belustigt sich Achelis in seiner Weise über die Interpretation der mit dem ΙΧΘΥΣ verbundenen symbolischen Zeichen, die de Rossi in dem oft genannten Aufsatze des Spicilegiums aufgestellt hat; wir begegnen Sätzen, wie den folgenden: „Er (de Rossi) macht dort Ernst mit der Rede von der ‚Hieroglyphensprache' der Katakomben. Um aber bei der Ausscheidung dieser hieroglyphischen von den gewöhnlichen Bildwerken nicht willkürlich zu erscheinen, stellt er bestimmte Merkmale zur Unterscheidung auf. ‚Si non uteumque appicta symbola sint, sed invicem manifesto coniuncta, si non in uno, sed pluribus variisque monumentis eadem conspicua coniunctio sit, connexum aliquem in his signis sensum esse quaerendum nemo certe non sentiet."

Es wird sich jedoch bald herausstellen, wie wenig Grund zum Spotten hier vorliegt. De Rossi zeigt die Verbindung des IXΘYC mit anderen Symbolen zunächst an der Taube, welche auf 17 Epitaphien zusammen mit dem IXΘYC auftritt. Der Oelzweig, den wir gewöhnlich im Schnabel oder in den Krallen der Taube erblicken, ist das Symbol des Friedens, also gleichbedeutend mit der solemnen Formel IN PACE, die aus dem apostolischen Gruss sich herausgebildet hat[1]. Eine authentische Bestätigung des Gesagten bietet ein Epitaph des lateranensischen Museums (Pil. XV, 64), auf welchem über zwei Oelzweigen IN PACE geschrieben ist; auf einem zweiten Steine steht neben der Taube mit dem Oelzweig das Wort PAX. Die Taube selbst versinnbildet entweder den Heiligen Geist, der in dieser Gestalt bei der Taufe Christi sichtbar wurde, oder die Seele des Verstorbenen, die, von den Banden des Körpers befreit, wie ein Vogel in das Paradies sich emporschwingt[2]. Dass auf Epitaphien die Taube in dieser zweiten Bedeutung zu nehmen ist, bedarf kaum einer Begründung mehr; wir möchten daher nur auf eine Inschrift aufmerksam machen, welche de Rossi im ersten Bande seiner „*Inscriptiones christ.*" (n. 937 p. 421 sq.) und im „*Bullettino archeol. crist.*" (a. 1864 p. 12) veröffentlicht hat. Auf dieser Inschrift sehen wir links unten zwei gegen ein Monogramm Christi zugewendete Tauben mit dem Oelzweige im Schnabel; über der zur Linken befindet sich der Name BENE | RA, über der andern SABBATIA, und über diesen Namen lesen wir PALVMBVS SINE FEL, „Täubchen ohne Galle", ein Ausdruck, der auch auf anderen Inschriften wiederkehrt. Die Absicht des Künstlers liegt hier auf der Hand; mit Recht schreibt darum de Rossi (*Inscript.* I, 422): „earum (scil. Benerae et Sabbatiae) nomina aviculis oleae ramusculum praeferentibus medio Christi monogrammate adscripta iusigni documento sunt, his imaginibus fidelium animas in Christo et in pace quiescentes significari". Für Hasenclever (a. a. O. S. 191 f.) „ist es ganz unerfindlich", „warum" die Archäologen „gerade diese Grabplatte für den evidentesten Beweis jener symbolischen Auffassung erklären"; denn „wer sagt ihnen denn, dass man die Gestalten der Vögel hier so verstanden habe?" Wir brauchen diesen fraglichen Gegenbeweis ebenso wenig für Ernst zu nehmen, wie die Versicherung Hasenclevers, dass de Rossi diese Grabplatte „zu den ältesten zähle", denn diese ist aus der Luft gegriffen! Wenn übrigens Hasenclever, wie wir (S. 11) gehört haben, „das Lamm ... für die gerettete Menschenseele" ausgeben kann, so „ist es ganz unerfindlich", warum er sich hier so sträubt. Doch sein Sträuben ist nicht „original"; er reproducirt nur, ohne es zu sagen, die Ansicht Schultze's. Dieser schreibt („Katak." S. 130 f.): „Die entwickelte symbolische Bedeutung der Taube", wonach sie Symbol „des friedlichen Todesschlummers, des Ruhens in pace"

---

[1] Vergl. S. 3. [2] De Rossi, *Roma Sott.* II, p. 411 sq.

sein soll, „wird zugestanden (!), aber ausserdem in ihr, seit Severano, ein Bild der Seelen der Verstorbenen, besonders der Martyrer, erkannt. In neuerer Zeit hat de Rossi hierfür zwei Epitaphien angezogen. Das eine (Roma Sott. t. XXXVII [nicht XXVII], 19) aus S. Callisto, lautet: DASVMIA · QVIRIACE · BONE FEMINE | PALVMBA · SENE FEL · QVE VIXIT an | LX · VI · DEPOSITA III · KAL · MARTIAs | IN PACE. Es handelt sich hier nur um einen einfachen Vergleich, wie auch auf der andern in S. Prassede befindlichen Inschrift: PALVMBVS SINE FEL HELIORVS . . . u. s. w. und auf einer dritten in S. Callisto (Bull. 1868, S. 7)". Schultze übergeht also mit Stillschweigen das entscheidende Moment, dass auf der Inschrift aus S. Prassede die beiden Tauben die Namen zweier Verstorbenen tragen, und entstellt die Ansicht de Rossi's, indem er behauptet, dass er (de Rossi) in der Taube besonders ein Bild der Martyrer erkannt habe! Eine Behauptung, die auf solche Weise gestützt werden muss, verurtheilt sich selbst.

Die Taube mit dem Oelzweige bedeutet also nichts anderes als die Formel SPIRITVS IN PACE, die wir in verschiedenen Zusammensetzungen auf den Grabsteinen wiederholt *ausgeschrieben* finden; wie z. B.: IN PACE sPIRITus | SILVANi | AMEN; INOELECIA · ISPIRITO TVo | IN(i)RENE; ΑΡϹΙΝΟΑΝ | ΤΩ ΙΔΙΩ | ΜΑΤΙ ΙρζΙΙ[1]. Kommt zu diesem Bilde noch der Fisch, das Symbol Christi, hinzu, so wird der angewünschte Frieden näher bestimmt und erhalten wir die volleren Formeln: IN PACE ET IN CHRISTO, oder IN PACE DOMINI, PAX TIBI A DO(mino) und ähnliche, die uns die Inschriften in Worten darbieten[2]. Auf solche Weise erklären sich die Epitaphien gegenseitig und schliessen bei ihrer Interpretation jede Willkür aus. In diesem Sinne darf man mit vollem Recht von einer „Hieroglyphensprache" der Katakomben reden. Wenn Achelis darüber spotten kann, so stimmt das sehr gut zu seiner Unkenntniss der Monumente, die mit jeder neuen Seite seiner Schrift mehr und mehr an den Tag tritt.

Achelis fügt (S. 67) zu dem Spott noch eine Verdächtigung de Rossi's hinzu, welche wir etwas näher beleuchten wollen: „De Rossi", sagt er, „verschweigt, dass von diesen 16 Monumenten" (der Verbindung der Taube mit dem Fisch) „10 ausser Fisch und Vogel noch andere Bilder haben (bei Becker n. 49. 54. 58. 59. 73—77. 88), so dass also hier nach seinen eigenen Grundsätzen eine symbolische Verbindung nicht statthaft ist, und dass bei zweien (n. 56. 57) von den übrigen sechs eine ‚arcana coniunctio' dadurch verboten ist, dass sich zwischen Vogel und Fisch ein grosses Monogramm befindet. Dass sich aber die Taube, dies beliebteste aller Katakombenbilder, etwas häufiger als die anderen, nämlich viermal, mit dem Fische verbindet,

---

[1] De Rossi, *Roma Sott.* II, tav. XLIX, 6. 5; XXXIX, 23.
[2] Doni, *Inscript.* XX, 30; Boldetti a. a. O. p. 418; de Rossi *Bullett.* 1881, p. 65 sq.; vergl. S. 81.

§ 2. Die römischen Epitaphien.

ist nichts weniger als auffallend, so dass sich schon hieraus eine Widerlegung der hieroglyphischen Leseversuche ergibt, ohne dass wir die Bedeutung der einzelnen Bilder herangezogen haben."

Es ist zunächst zu erwiedern, dass de Rossi nichts verschwiegen hat, da er ausdrücklich erklärt (s. oben S. 78 f.), dass er die verschiedenen Zeichen, die nur ein oder das andere Mal auftreten, übergehe — es lässt sich eben in einem „Commentariolus" nicht alles unterbringen — und nur diejenigen berücksichtigen wolle, die öfters zusammen vorkommen, also schon darum eine engere Beziehung zu einander voraussetzen.

Einen Schein von Berechtigung hätte die Anklage Achelis', wenn durch jene „verschwiegenen" Bilder die von de Rossi gegebene Deutung gestört oder aufgehoben würde. Aber nichts von allem diesem. Zweimal, n. 36 (bei Becker 56) und 37 (bei Becker 57), sehen wir „zwischen Vogel und Fisch" „ein grosses Monogramm": ist „eine ‚arcana coniunctio' dadurch verboten"? Durchaus nicht; der Fisch (IXΘYC) ist das Symbol Christi, das Monogramm ⳨ gleichfalls; jener enthält die „turba sanctorum nominum"[1], dieses besteht aus den zwei Anfangsbuchstaben des Namens ΧΡιστός: also für ein und denselben Begriff zwei verschiedene Zeichen. Einen ähnlichen Pleonasmus führen uns die Epitaphien auch in Worten vor: PAX DOMINI ET ⳨ (Christi) | CVM FAVSTIN(o) ATTICO; AVGVRINE IN | DOM(ino) · ET ⳨ (Iesu Christo)[2].

Gleichfalls zum IXΘYC gehört der Anker, das Symbol der Hoffnung, die der Christ auf Gott, seinen Heiland (CΩTHP) setzt. Die Verbindung des Ankers mit dem Fische drückt also die alte Formel: SPES IN CHRISTO, SPES IN DEO, SPES IN DEO CHRISTO aus[3]. Diese Formel ist aber der oben besprochenen: SPIRITVS IN PACE nicht entgegen, sondern ergänzt sie: der Verstorbene (hier im Bilde der Taube oder des Vogels) glaubte und hoffte auf Christus, lebte diesem Glauben und Hoffen gemäss und wurde des Lebens in Gott, der ewigen Seligkeit theilhaftig. Eine ähnliche Gedankenverbindung spricht aus einer von de Rossi ergänzten Inschrift des dritten Jahrhunderts: ... IuCVNDIANVS ... credidit in CRISTVM IESVm, vivit in patrE ET FILIO ET ISPiritu sancto[4].

---

[1] Optatus von Mileve, *de schism. Donat.* l. III § 2, Migne PP. lat. XI, col. 991: „Hic est piscis, qui in baptismate per invocationem fontalibus undis inseritur, ut quae aqua fuerat, a pisce etiam piscina vocetur. Cuius piscis nomen secundum appellationem Graecam, in uno nomine per singulas litteras turbam sanctorum nominum continet, IXΘYC quod est Latinum, Iesus Christus, Dei Filius, Salvator."

[2] De Rossi, *Roma Sott.* II, tav. XLVII, 52; XXXIX, 30.

[3] De Rossi, *Bullett.* 1869, p. 81 sgg.; 70 p. 18 sg.; 72 p. 123; 71 p. 77 sg.; 77 p. 17; 79 p. 130; 81 p. 113; Boldetti a. a. O. p. 336. 418; Buonarotti, *Vetri*, p. 112.

[4] *Bullett.* 1881, p. 66 sg.

Wilpert, Principienfragen der christl. Archäologie.

Von den übrigen „verschwiegenen" Bildern gehören das Gefäss (n. 35 [58]. 43 [49])[1], die Traube (n. 55 [75]. 57 [74]) und die Palme mit dem Kranz (n. 38 [54]) zur Taube[2]. Erstere Verbindung ist gewöhnlich in der Weise hergestellt, dass die Taube (meistens zwei) am Rande des Gefässes sitzt und daraus trinkt; so beispielsweise auf dem schönen Gemälde der „cripta dei cinque Santi", welches aus zwei ungleich grossen Feldern besteht und fast die ganze Hinterwand der Kammer bedeckt. Das grössere Feld zeigt uns fünf Verstorbene als Oranten im paradiesischen Garten; in dem schmäleren Felde darunter erblicken wir mehrere doppelt gehenkelte Gefässe, die bis an den Rand mit Wasser gefüllt sind; an dem Rande sitzen allerlei Vögel und trinken: hier sind also zwei Darstellungen, um eine und dieselbe Wahrheit — die ewige Seligkeit auszudrücken. Und dass diese Deutung nicht willkürlich ist, beweist unter anderem die Acclamation Ill: · EX ΘEΩ, die auf einem Epitaph aus S. Callisto (*Roma Sott.* II, tav. XLVII. 7) vorkommt[3]. — An Trauben pickende Tauben sehen wir, ohne jegliche Inschrift, einigemale in der alten Region an der Basilica S. Petronillae: auch dieses Bild bezieht sich auf die Seligkeit des Verstorbenen. Dass endlich die Palme und der Kranz („corona vitae aeternae") eine Anspielung an den Sieg des Christen über die zeitliche Welt enthalten, braucht hier nur berührt zu werden.

So bleibt schliesslich nur noch ein „verschwiegenes" Bild übrig, nämlich die Orante auf folgender Inschrift (n. 34 [59]):

	BENE MERENTI RVSTICIANE	
Orante	QVE ANNORVM LIIII	Taube
	MENSES X DIEBVS	
	XX IN PACE	Fisch

In der Orante tritt uns die Verstorbene in der Haltung der Betenden entgegen; sie erinnert an die auf Inschriften häufig angebrachte Bitte um das Gebet der Verstorbenen für die hinterlassenen Angehörigen, die entweder mit Namen, z. B.: ... ET PETE PRO CELSINIANV CONIVGEM (sic) oder einfach durch das Pronomen aufgeführt sind, z. B.: ET PETE PRO NOBIS. Die Taube und der Fisch sind, wie wir sahen, gleichbedeutend mit der Acclamation: SPIRITVS TVVS IN PACE ET IN CHRISTO. Also auch hier die schönste Harmonie der Symbole unter einander! Um jeden Schein von Willkür von uns fern zu halten, wollen wir drei Inschriften anführen, die in Worten

---

[1] Die eckigen Klammern beziehen sich auf die Schrift Beckers.

[2] Die „Blume" auf n. 68 [77] ist ein schlecht reproducirter Baum, auf welchem die Taube sitzt.

[3] Diese und ähnliche Acclamationen wie die entsprechenden Darstellungen enthalten eine unverkennbare Anspielung auf die Worte, die der Heiland bei der Einsetzung der Eucharistie zu den Aposteln gesprochen hat (*Marc.* XIV, 25): „Amen, dico vobis: Quia jam non bibam de hoc genimine vitis usque in diem illum, cum illud bibam novum in regno Dei."

§ 2. Die römischen Epitaphien.

dasselbe sagen, was auf dem Epitaph der Rusticiane im Bilde ausgedrückt ist[1]: ΛΥΤΕΝΔΕ — Taube — ·· ΖΗΣΛΙC ΕΝ ΚΩ — Fisch — ΚΑΙ ΕΡΩΤΑ — Orans — ΥΠΕΡ ΗΜΩΝ; VINCENTIA Taube — IN ⳩ — Fisch — 'PETAS — Orante — PRO PHOEBE ET PRO VIRGINIO EIVS; ANATOLIVS FILIO BENE MERENTI FECIT QVI VIXIT ANNIS VII MENSIS VII DIEBVS XX ISPIRITVS — Taube — TVVS BENE REQVIESCAT IN DEO — Fisch — PETAS — Orante — PRO SORORE TVA[2]. Das nennt man nicht „hieroglyphische Leseversuche" anstellen, sondern Monumente durch Monumente erklären.

Also auch da, wo der Fisch nicht isolirt, sondern mit anderen Symbolen zusammen auftritt, behält er seine symbolische Bedeutung als Symbol Christi bei. Wir haben demnach kein einziges römisches Epitaph, auf welchem der Fisch nur ein inhaltloses Ornament wäre.

d. Der Fisch als angebliche „Bezeichnung des Gewerbes des Verstorbenen".

„Nicht selten", sagt Achelis (S. 70), „finden sich auf den Epitaphien Utensilien aller Art, besonders Handwerkszeug abgebildet, so Hammer, Meissel Picke, Winkelmass, Loth, Zange, Ofen, Spiegel, Kamm, Fass, Lanze, Griffel und Rolle, chirurgische Instrumente u. dgl." Achelis entnahm auch dieses „ohne alle Kritik" Schultze, der ihn bezüglich des Ofens sehr schlecht bedient hat. Derselbe schreibt in seinen „Katakomben" (S. 140 Anm. 1): „Ebenso (pflegte mit Vorliebe als Martyrerwerkzeug gefasst und danach das betreffende Grab als Martyrgrab beurtheilt zu werden) der Ofen, aus welchem Flammen emporschlagen (Perret V, pl. 58, 1; 22, 35); es liegt am nächsten, an eine Bäckerei zu denken, worauf auch einmal die Inschrift BITALIS PISTOR weist. Doch kann damit auch eine Garküche oder eine ähnliche Einrichtung bezeichnet sein." So Schultze. Schlägt man die beiden Citate auf, so findet man nicht einen Ofen mit Feuerflammen, sondern einen Modius (Scheffel), der mit Getreide angefüllt ist. — „Und doch liegt diesem" Schultze'schen „Verfahren ein richtiges Moment zu Grunde"! Schultze sah nämlich feuerspeiende Oefen auf den Abbildungen der Alten, wie z. B. in der *Roma Sotterranea* des Bosio (S. 196)[3]; er glaubte sich daher eine kleine Freiheit erlauben zu dürfen und übertrug die Feuerflammen dieser „Oefen" in den Modius jener Epitaphien, um dort womöglich eine „Garküche oder eine ähnliche Einrichtung" constatiren zu können! Der „Ofen" ist also aus der Liste der verhältnissmässig seltenen „Gewerbezeichen" zu entfernen.

---

[1] Die Worte zwischen den Gedankenstrichen setzen wir nur bei, um auf die äquivalenten Symbole hinzudeuten, die auf den drei Inschriften in Wirklichkeit nicht vorhanden sind.

[2] De Rossi, *Roma Sott.* II, tav. XLVII, 53; *Museo epigrafico crist.* im Triplice omaggio VIII, 19; die griechische Inschrift befindet sich in der Katakombe der hl. Domitilla.

[3] Auch diese Oefen sind modii, aus welchen Aehren herausragen; zu vergl. meinen Aufsatz über *die Scenen aus dem realen Leben* in der „Röm. Quartalschr." 1887, Taf. II, S. 28.

„Die oben angeführten Bilder", so Achelis, „welche als Gewerbezeichen anerkannt sind, stellen alle entweder das Handwerkszeug des Verstorbenen, oder — in selteneren Fällen — das Produkt seines Handwerks dar. Es lässt sich nun denken, dass der Fisch, ebenso wie der Delphin, als Bezeichnung des Meeres gebraucht wurde, und also einen Beruf charakterisirte, der mit dem Meere in irgend einem Zusammenhang steht; oder aber, dass er den Beruf eines Fischhändlers andeuten sollte."

Welche Fische sind nun symbolisch, welche Gewerbezeichen? Einen Massstab für die Beantwortung dieser Frage nimmt Achelis von der äussern Form, in der die Fische auf den Steinen oder vielmehr auf den Copien der Steine dem Beschauer sich darbieten: „Bei den uns vorliegenden Abbildungen bemerken wir in vier Fällen, dass der Fisch, von der conventionellen Form abweichend, bestimmte, charakteristische Merkmale hat, so dass wir deutlich die Absicht des Verfertigers erkennen, dass er nicht im allgemeinen einen Fisch, sondern eine bestimmte Sorte darstellen wollte. Bei n. 66 und 73 mag freilich die Schuld (!) nicht den Steinmetzen, sondern den Holzschneider treffen, denn die beiden Steine sind nur in den Holzschnitten Bosio's bekannt; aber n. 16 und 62 sind noch vorhanden, und bei den vorliegenden modernen Abbildungen darf man grössere Treue voraussetzen. N. 16 gibt einen stacheligen Fisch, n. 62 einen sehr dünnen, vielleicht einen Aal, die n. 66 und 73 den gleichen, dicken Fisch, bei dem man freilich an die Möglichkeit denken muss, dass er ein corrumpirter Delphin ist. Wenn wir aber eine bestimmte Sorte von Fischen auf einem Grabstein sehen, so ist das nicht gut anders zu erklären, als dass der Verstorbene zu diesem bestimmten Fisch in näherer Beziehung stand; etwa dass er sich besonders mit dem Fang oder mit dem Verkauf desselben beschäftigte[1]. Dass Christus durch eine bestimmte Sorte von Fisch dargestellt wurde, ist mir wenig wahrscheinlich. Bei n. 73 scheint sich diese Annahme noch dadurch zu bestätigen, dass sich neben dem Fisch ein Dreizack befindet; und das Symbol des Meergottes zieht den besonders gebildeten Fisch stärker in den maritimen Kreis herüber, als die auch daneben stehende Taube (ohne Oelblatt) in den symbolischen" (also ein förmliches Ringen!). „Auf zwei anderen von diesen vier Steinen (n. 62. 66) steht als zweites Bild neben dem Fisch der Anker, der ja auch als maritimes Zeichen älter ist wie als symbolisches; und so glaube ich auch hierin eine Bestätigung für unsere Klassificirung zu erblicken. Hiernach könnte man weiter geneigt

---

[1] Diese hier gewonnenen Resultate sind, wie jedermann sieht, nicht allein für die christliche Archäologie, sondern ganz besonders für die culturhistorischen Verhältnisse der alten Römer von der grössten Tragweite. Damals hatte der „Aal", hatte der „dicke, stachelige Fisch" seinen besondern Fänger, seinen besondern Verkäufer. Und heute? Heute ist darin ein totaler Umschwung eingetreten; jetzt nimmt der Fischer alles an, was in sein Netz kommt, und der Fischhändler muss über ein wohlassortirtes Lager der verschiedenartigsten Fische verfügen. Welch ein Fortschritt auf commerciellem Gebiete zwischen Einst und Jetzt! Ob Schultze auch dieses „Verdienst" Achelis' im Auge hatte, als er von dessen „gründlichen Untersuchungen" schrieb?

sein, auch alle die übrigen Monumente, wo ein Anker neben dem Fisch in conventioneller Form steht, als Gewerbezeichen zu proklamiren; aber die Verbindung ist eine gar zu häufige, so dass man hier Fisch und Anker besser in ihrer symbolischen Bedeutung belässt."

Im Interesse dieser „Klassificirung" müssen wir lebhaft bedauern, dass Achelis nicht wusste, dass die „conventionelle Form" des Fisches auf den „modernen Abbildungen" nicht von den alten Steinmetzen, sondern von de Rossi herrührt, der sie gewählt hat, um sowohl eine leichtere Publikation der Monumente zu ermöglichen, als auch um dadurch anzudeuten, dass die Inschrift, auf der sie erscheint, nicht ein Facsimile sei! Hätte Achelis sich sodann die Mühe genommen und für n. 62 den von Becker citirten Perret (V. pl. XXI, 34) nachgeschlagen, so würde er dort das Facsimile[1] gefunden haben, welches nicht „einen Aal", sondern eher „einen stacheligen Fisch" aufweist. Dieser Verlust lässt sich noch zum Glück durch eine Inschrift des christlichen Museums vom Campo Santo ersetzen, auf der wir „einen sehr dünnen Fisch, vielleicht einen Aal" sehen.

Aber nicht bloss die „besonders gebildeten Fische", auch einige von denen, die „von der conventionellen Form" wenig oder gar nicht abweichen, verlieren bei der Forschung Achelis' (S. 72 f.) ihren symbolischen Charakter[2]; so (bei Becker) n. 44. 75. 88. Auf n. 44 „findet sich . . . neben" (verbess.: ausser) „dem Fische ein Nachen". „Diese Verbindung", schreibt Achelis, „ist sehr passend zur Bezeichnung des Fischer- bezw. Schiffergewerbes der Verstorbenen. In vorliegendem Falle wird diese Auffassung noch dadurch unterstützt, dass laut der Inschrift der Stein von den sodales dem verstorbenen Mitgliede gesetzt ist. Denn wenn eine Genossenschaft ein Monument errichtet, wird sie dasselbe mit ihren Emblemen schmücken. Es wird also eine Schifferinnung gewesen sein, die den Aur. Hermaiscus durch diesen Stein ehrte." — Die Barke bezeichnet hier also das Schiffergewerbe, auf welches auch der Ausdruck sodales hinweist; denn mit diesen kann wegen der Barke nur eine Schifferinnung gemeint sein! So jagt und stützt eine Hypothese die andere.

Von n. 88 gibt Becker ein leidliches Facsimile; es bietet links zwei Fische über einander, daneben einen Vogel auf einem Epheuranken und zuletzt ein Porträt. Achelis sieht hier „den einzigen (!) Fall von Verdopplung des Fisches, wo dieselbe nicht aus Gründen der Symmetrie erfolgte. Weshalb man den symbolischen Fisch in dieser Weise verdoppelte", sei nach ihm „nicht ein-

---

[1] Eine genaue Abbildung des Epitaphs geben wir auf Taf. II, 3. Das Original befindet sich in der Inschriftengallerie des lateranensischen Palastes (Pil. XIV, 19); seine Provenienz ist unbekannt. — Nebenbei bemerkt, hat der auf dem Stein erwähnte ZUCIMUC seinen Beruf als „Fischer" oder „Fischhändler" früh begonnen, denn er war erst zwei Jahre und nicht ganz zwei Monate alt, als der Tod ihn ereilte.

[2] Das Unhaltbare dieser Ansicht, dass die alten Christen für den symbolischen Fisch eine bestimmte conventionelle Form gehabt hätten, drängt sich jedem auf, der irgend welche Kenntnisse der altchristlichen Monumente besitzt; wir brauchen daher nicht näher darauf einzugehen.

zusehen; zur Charakterisirung des Gewerbes" sei „dies natürlich, und weit deutlicher als das Bild eines einzelnen Fisches". — Demnach bleibt es ein Räthsel, warum kein Epitaph mit drei oder vier oder auch mehreren Fischen versehen ist; denn nach dem hier ausgesprochenen Grundsatz würde ja diese Deutlichkeit in dem Grade der Vermehrung der Fische zugenommen haben.

„Schwerlich symbolisch", sagt Achelis, „ist endlich der Fisch auf n. 75. Hier hängt der Fisch an einer Angelschnur, die zwischen den Flügeln eines Ankers befestigt ist — ein seltsames Bild, bei dem der Umstand, dass der Stein verloren ist, auf die Vermuthung führt, dass diese von Marangoni stammende Abbildung corrumpirt ist. Ist sie aber echt, so kann sie wohl nur als Gewerbezeichen erklärt werden." — In der Anmerkung 1 sagt Achelis: „Die katholischen Archäologen haben dies Bild bis jetzt unbeachtet gelassen, sonst würden sie schwerlich versäumt haben, in Verbindung mit ihrer Verwerthung des Ankers als crux dissimulata es als Darstellung des am Kreuz hängenden Christus zu reclamiren." — Dass für Achelis die einschlägige Literatur vielfach „nicht erreichbar" war, zeigt sich auch hier; denn Martigny wie Kraus (Heuser) haben es „beachtet": jener im *Dictionnaire des antiquités chrétiennes* in dem Artikel Poisson (p. 657); dieser in der *Real-Encyklopädie der christlichen Alterthümer* im Artikel Fisch (I, 521).

Wir haben auch hier kein einziges römisches Epitaph zu verzeichnen, auf welchem der Fisch eine andere als die symbolische Bedeutung des IXΘYC hätte.

Zum Schluss „gestattet" sich Achelis „eine Bemerkung gegen de Rossi und seine Schule". „De Rossi", schreibt er (S. 73), „widmet den ganzen ersten Theil seiner Untersuchung im Spic. Sol. (S. 546—560) dem Nachweise, dass der Fisch in den Katakomben zu den ältesten Symbolen gehört, dass seine Anwendung in das zweite und dritte Jahrhundert fällt und dass dieser Gebrauch im vierten Jahrhundert allmählich abgenommen habe. Die Monumente besagen nun zwar nur wenig, denn de Rossi vermag auch nicht ein Fischbild anzuführen, das mit Sicherheit dem zweiten Jahrhundert angehört. Da wir aber an der Hand der literarischen Quellen die Entstehung des Symbols in der ersten Hälfte des zweiten Jahrhunderts wahrscheinlich machen konnten, so wird das Symbol auch wohl schon im zweiten Jahrhundert zur Ausschmückung der Gräber benutzt worden sein" u. s. f.

Der Leser kennt bereits den Werth der Verdienste Achelis', die dieser selbst hier so energisch betont; das **Nichtvermögen de Rossi's aber ist ein fingirtes. Drei Monumente gehören mit Bestimmtheit in das zweite Jahrhundert**: der Sarkophag der Livia Primitiva, der bei dem Grabmal der Caecilia Metella gefundene Travertin-Cippus des Aegrilius Bottus Philadespotus (s. Taf. I, 5) und das Epitaph der ostrianischen Familie (Becker u. 65). Von einem vierten Monument, der Stela vom Vatican, wurde de Rossi's Urtheil schon oben S. 68 Anm. 1 angeführt.

Achelis fährt also fort: „Der weiteren Behauptung de Rossi's aber, dass der Gebrauch des Symbols schon im vierten Jahrhundert allmählich abgenommen

§ 2. Die römischen Epitaphien.

habe, widersprechen die Monumente aufs bestimmteste. Es ist leicht, hier de Rossi aus dem von ihm selbst beigebrachten Material zu widerlegen. Er bespricht nämlich nur einige 20 Monumente auf ihr Alter hin, von denen wir 18 als symbolische anerkennen. Von diesen sind 9 (n. 1. 10. [?] 17. 18. 20. 60. 61. 65. 68 [?]) vorconstantinisch, wenn auch bei einigen von ihnen de Rossi's Versicherung mein einziger Grund für diese Ansetzung ist, 9 andere dagegen (n. 2. 4. 8. 39. 46. 56. 57. 69. 70) tragen deutliche Merkmale der nachconstantinischen Zeit, denn als solches ist doch jetzt auch das Monogramm erwiesen. Nach dieser Auswahl" — ein sehr passendes Wort! — „muss gesagt werden, dass wir etwa gleich viele Fischmonumente aus vorconstantinischer wie aus nachconstantinischer Zeit besitzen; und von de Rossi's Behauptung wird höchstens noch der Punkt zu halten sein, dass wir nur wenige Fischdenkmäler aus der allerletzten Zeit der Katakomben, dem fünften Jahrhundert, besitzen".

Wir erwiedern: *es ist nicht wahr*, dass de Rossi „nur einige 20 Monumente auf ihr Alter hin" „bespricht". Um die Art und Weise, wie Achelis „widerlegen" kann, in ein helles Licht zu stellen, wollen wir in Kürze den Gang der Forschung de Rossi's verfolgen. Zunächst weist derselbe darauf hin, dass unter den datirten nachconstantinischen Epitaphien, welche die Zahl 1000 übersteigen, nur ein „monumentum sui generis" aus dem Jahre 400 das Bild des Fisches hat (bei Becker n. 46); das Gleiche gilt von den 30 datirten vorconstantinischen Inschriften: auch da weist nur eine, aus dem Jahre 243, den Fisch auf (n. 60); keine einzige findet sich dagegen unter den zahlreichen undatirten Epitaphien der subdialen Gräber um und in den Basiliken aus der Zeit des Friedens. Diese Beobachtung berechtigt ihn zu dem Schluss, dass der **Fisch ein Symbol der Denkmäler der Katakomben ist**. Die Zahl dieser Monumente beläuft sich auf 75[1]; von 64 weiss de Rossi bestimmt, dass sie in den Cömeterien ausgegraben werden; von den übrigen ist es „vix una aut altera excepta", im hohen Grade wahrscheinlich. Sieben Epitaphien (n. 1. 21. 22 [17]. 23 [80]. 24 [18]. 71 [92])[2] wurden unter seinen Augen entdeckt; sie befanden sich alle, wie man aus dem Stil der benachbarten Malereien, aus den Inschriften und Münzen folgern durfte, in solchen Theilen der Katakomben, die ohne Zweifel vor Constantin angelegt wurden. Andere, bei denen der genaue Ort der Provenienz nicht mehr constatirt werden kann, legen durch die mannigfachsten Indicien selbst Zeugniss für ihr hohes Alter ab. So vor allem n. 52 [65], das der ostrianischen Familie angehört; fünf weitere (n. 9 [10]. 20. 33 [44]. 46 [61]. 58 [68] tragen die

---

[1] Rechnet man zu diesen 75 römischen Epitaphien die nach 1857 ausgegrabenen hinzu, so erhält man unschwer fast hundert, nämlich 95, die mit dem Zeichen des Fisches versehen sind. Davon fallen 8 auf S. Priscilla (3 veröffentlicht im *Bullettino* 1864, 8. 9; 1870 tav. IV n. 14. 15), 9 auf S. Callisto (*Roma Sott.* II. tav. XLI, n. 8. 9. 12. 32; XLIII, 53; LVII, 26), je eines auf S. Paolo, S. Domitilla, Praetextat, Ostrianum, S. Agnese (Armellini *Cimitero di s. Agnese* tav. XIV, 6) und S. Ermete.

[2] Die eckigen Klammern beziehen sich auf die Schrift Beckers.

heidnische Weiheformel D. M.; bei anderen endlich deuten die Namen, sowie die classische Diction und gewisse Ausdrucksweisen auf die vorconstantinische Zeit hin; es sind n. 26 [87]. 49 (fehlt bei B.). 51 [64]. 62 [78]. 63 [94]. 61 (fehlt bei B). 19 [24]. 53 [62]. 3. 7, dazu noch n. 50 [60] aus dem Jahre 234: zusammen also 23 Monumente, welche de Rossi aus den angegebenen Gründen, die jeder ernste Forscher billigt, der vorconstantinischen Zeit zuweist. Bei allen diesen Inschriften begegnet uns kein einziges Mal der Ausdruck depositio, depositus (positus), κατάθεσις, der seit der zweiten Hälfte des dritten Jahrhunderts in der christlichen Epigraphik auftrat und schliesslich ein Characteristicum derselben wurde. Wir finden ihn dagegen auf dem Epitaph aus dem Jahre 400 (n. 27 [46]) und bei n. 8, wo der dem Worte IXΘΥC beigesetzte Buchstabe N(ικᾷ) auf den Sieg Constantins vom Jahre 312 anzuspielen scheint. Diesen beiden Grabschriften sind schliesslich diejenigen beizufügen, welche durch das Monogramm Christi ☧ als Monumente der constantinischen Zeit gekennzeichnet sind: n. 2. 4. 27 [46]. 29 [39]. 31 [42]. 36 [56]. 37 [57]. 44 [43]. 47 [70]. 48 [69]. 64 [72]. De Rossi bespricht also 14 nachconstantinische und 23 vorconstantinische, im Ganzen 37 Monumente „auf ihr Alter hin". Damit ist die Untersuchung über die Datirung des IXΘΥC-Symbols noch nicht beendet; de Rossi zieht auch die Gemmen, Ringsteine, Encolpien, Lampen, Sarkophage und besonders Malereien in den Bereich seiner Forschung und findet hier überall bestätigt, dass der Gebrauch dieses Symbols mit dem vierten Jahrhundert allmählich abgenommen habe [1]. — Dieses zur allgemeinen Charakteristik der Worte Achelis': „Es ist leicht, hier de Rossi aus dem von ihm selbst beigebrachten Material zu widerlegen. Er bespricht nämlich nur einige 20 Monumente auf ihr Alter hin."

Jetzt wollen wir uns auf die schwindelnde Höhe der Achelis'schen Forschung stellen. Aus der Liste jener 23 vorconstantinischen Sepulcralmonumente sind zunächst 2 mit Delphinen (n. 23 [80]. 19 [24]) zu streichen, welche, wie der Leser weiss, in den Augen Achelis' keine Gnade gefunden haben; dasselbe Loos trifft auch n. 21 (nach Achelis hier der Fisch als „phonetisches Zeichen"), 33 [44] („Anspielung auf das Gewerbe"), 63 [94] (Achelis kann hier keinen Fisch entdecken), 53 [62, der vermeintliche Aal]. Nach Abzug dieser bleiben noch immer 17 übrig.

Für diese Concessionen erlauben wir uns einige Fragen: 1) Warum verschwieg Achelis n. 3. 7. 57 [74]. 62 [78], obwohl sie auch Becker verzeichnet hat? 2) Warum verschwieg er n. 49. 61, die er bei de Rossi finden musste? 3) Warum verschwieg er das nach 1857 entdeckte Monument [n. 47], von

---

[1] Diese Thatsache, die in erster Linie die Monumente von Rom berücksichtigt, schliesst selbstverständlich nicht aus, dass das Symbol des Fisches in vereinzelten Ausnahmefällen auch noch in späterer Zeit auftrat.

welchem Becker auf Grund der Angaben de Rossi's sagt, dass es „mindestens ins dritte Jahrhundert gehört"? 4) Warum verschwieg er n. 51 [64]. 26 [87], wenn er ohne Bedenken auch n. 4 anführen konnte? 5) Woher nahm er sich das Recht, die übrigen nach 1857 ausgegrabenen Fischdenkmäler ignoriren zu dürfen, welche im *Bulletino di archeol. crist.* (a. 1870 tav. IV n. 14. 15) und in der *Roma sotterr.* (II tav. XLI n. 8. 9. 12), also in Werken mitgetheilt sind, die ihm für seine Fischarbeit „zugänglich" waren? Etwa weil diese fünf Denkmäler aus dem dritten Jahrhundert stammen?

Anstatt ein solches „Forschen" gebührend zu rügen, lobt Schultze „die Methode und Reife des Urtheils" sowie die „gründlichen Untersuchungen" Achelis', stellt ihn sogar als Muster gegenüber den „römisch-katholischen Archäologen" auf!

Um den Leser nicht mit längstbekannten Sachen hinzuhalten, übergehe ich, was Achelis auf S. 75 den „katholischen Archäologen" aufbürdet; ihn selbst hier eines Besseren zu belehren, halte ich für verlorene Mühe — nolo surdis narrare fabulam.

§ 3. Die Fischbilder von S. Callisto nach der Erklärung Achelis'.

a. Die Mahle in den sogen. Sacramentskapellen.

Nach einigen kurzen Notizen über die Lage der sogen. Sacramentskapellen und ihre Ausschmückung durch interessante Frescomalereien sagt Achelis (S. 76): „Es liegt uns hier ein eigener Bildercomplex vor; fast alle (!) Darstellungen kehren hier mehrere Male wieder, einige sind sonst in den Katakomben unbekannt, und so schliessen sich diese Kammern ebenso sehr unter einander fest zusammen, wie gegen alles Uebrige ab. — V. Schultze hat nun mit kunsthistorischen Mitteln den für die Interpretation wichtigen Nachweis geliefert, dass die Fresken in B die ältesten sind, dass die in C diese voraussetzen, und die in D und E wieder von diesen beiden abhängig sind. Mit B hat also die Erklärung zu beginnen." Dazu gehört folgende Anmerkung (4): „De Rossi (ebenso Becker, und daher auch Merz, und Heuser) kennt in dem Spic. Sol. merkwürdiger Weise das Mahl in B noch nicht. Er geht bei der Erklärung des ganzen Cyclus von dem Mahl der zwei Personen in C aus, und gelangt so zu seinen Aufstellungen. Ebenso noch in der Rom. Sott., S. 331 ff., obwohl er damals das Mahl in B kannte. Er scheint sich die Frage nicht vorgelegt zu haben, welches Cubiculum, B oder C, älter sei. Seiner Darstellung liegt also ein methodischer Fehler zu Grunde. Ihm folgt Kraus, S. 313 ff."

Von den Schriften Tertullians gilt das Dictum: ... quot capita tot sententiae ...; hier heisst es: quot capita tot errores! 1) De Rossi „kennt in dem Spic. Sol. ... das Mahl in B", denn er erwähnt es auf S. 568 in dem Satze, der mit „Praeterea eadem et in aliis cellis harum picturarum ratio" eingeleitet ist; 2) de Rossi geht weder „in dem Spic. Sol." noch „in der Roma Sott., S. 331 ff." „bei der Erklärung des ganzen Cyclus von dem Mahl der zwei

Personen in C aus"; in jenem beginnt er (S. 566) mit der Taufscene in B und behandelt das Mahl erst an fünfter Stelle; in dieser lesen wir gleich in der ersten Zeile des Kapitels, das mit der Erklärung der Bilder sich befasst, folgendes (*Roma Sott.* II, 331): „Principio e capo della misteriosa catena ò la rupe, che battuta dalla verga di Mosè sgorga l'acqua ed irriga il deserto". Hier bildet also das Quellwunder den Anfang, dann (S. 332 ff.) kommen der Taufact, der Gichtbrüchige, und erst an vierter Stelle „das Mahl der zwei Personen" zur Sprache. 3) De Rossi hat sich die Frage, „welches Cubiculum, B oder C, älter sei", wohl vorgelegt; er hat sogar lange vor Schultze nicht bloss „mit kunsthistorischen", sondern auch mit anderen „Mitteln" die zeitliche Aufeinanderfolge der Anlage der sogen. Sacramentskapellen festgestellt. „Nel capo II die questo libro", schreibt er (II, p. 328), „ho dimostrato con argomenti varii tutti concordi, e l'esattezza dei quali dall' analisi archittetonica è scrupolosamente verificata, che le cinque stanze dipinte della via A formano un gruppo speciale, circoscritto dentro limiti cronologici ristretti; il cui principio dee essere al più tardi assegnato ai tempi di Zefirino e di Callisto, cioè ai primi lustri del secolo terzo. Abbiamo altresì veduto, che la cronologia di quei cubicoli procede in guisa, che i due primi A^2, A^3 sono i più antichi posti incirca al medesimo livello e quasi contemporanei; i tre seguenti A^4, A^5, A^6 furono scavati a livelli diversi e a più o meno corti intervalli in ordine opposto al naturale. La serie adunque delle cinque stanze dee essere ordinata così: A^2, A^3, A^6, A^5, A^{4a} (oder nach Achelis-Schultze: B, C, F, E, D). Da wir nun nicht annehmen können, dass Achelis seine Irrthümer mit Wissen und Willen niederschrieb, so ist es klar, dass er, abgesehen von der *Roma Sotterranea*, nicht einmal jenen kleinen Aufsatz des *Spicilegium Solesmense*, den er der Fischarbeit in seiner Weise „zugrunde legte", aufmerksam gelesen hat!

Dass de Rossi bei der Interpretation der Fresken „per guida la serie delle scene storiche e mistiche nella stanza A^{3u} (C) auswählte, und nicht diejenigen der Kammer A^2 (B), hat seinen Grund einfach darin, dass in A^3 (C) eine grössere Fülle von Scenen ist, indem hier die Taufe und Eucharistie je durch drei Bilder dargestellt sind [1].

Achelis folgt also Schultze und beginnt die Erklärung mit B^2. „Was uns hier zunächst angeht", schreibt er S. 70 f., „ist die Darstellung eines Mahles von sieben Personen an der linken Seitenwand des Cubiculums (B), rechts. Mit den beiden Scenen, die sich links an dasselbe anschliessen, Moses' Quellwunder und eine Fischfangscene, hängt unser Bild nicht zusammen [3]. Wir

---

[1] S. oben S. 59 ff.

[2] Wir haben die Gemälde der sogen. Sacramentskapellen oben (S. 58 ff.) im Zusammenhang mit den beiden Inschriften des Abercius und Pectorius besprochen.

[3] Um die Zusammengehörigkeit der Scenen (von A^3) als „subjective Willkür" hinstellen zu können, befolgt Hasenclever (S. 238) bei ihrer Aufzählung die umgekehrte Reihenfolge und führt auch die einzelnen Füllfiguren mit auf. Dieses Verfahren ist offenbar etwas mehr als „willkürlich".

können es daher ohne Rücksicht darauf betrachten. V. Schultze beschreibt es so: „Das Mahl, welches das rechts anschliessende, durch eine Demarkationslinie scharf abgesonderte Feld zeigt, wird von sieben männlichen jugendlichen Personen gefeiert, die in idealer Nacktheit gebildet sind. Jeder der Gastmahlsgenossen streckt einen Arm nach zwei grossen auf Schüsseln vorgelegten Fischen aus, während sie — zwei ausgenommen — den andern Arm in lebhaftem Gestus erheben. Vor dem Fische sind die oberen Theile von sieben brodgefüllten Körben erhalten".[1] — De Rossi's richtige Erklärung, nach welcher in den callixtinischen Mahlen eine symbolische Conpenetration von drei biblischen Ereignissen: dem Mahl der Sieben am See Tiberias und die zweimahlige Vermehrung der Brode und Fische enthalten ist, wird von Achelis verworfen, obgleich unter denen, die ihr gefolgt sind, auch Schultze sich befindet. Er schreibt: „Was auch im Einzelnen gegen de Rossi's Auslegung einzuwenden sein mag — das Eine scheint doch zunächst einzuleuchten bei der Betrachtung dieses Bildes: dass es nicht ein Genrebild, nicht eine historische Scene, sondern eine symbolische Composition ist (als wenn dieses jemand geläugnet hätte!). Das scheinen die verschiedenen Theile des Bildes deutlich auszusagen: 1) die Speise, der Fisch, dessen sacramentale Bedeutung wir kennen lernten, 2) die Siebenzahl der Speisenden, 3) die sieben Körbe, die offenbar dem Speisungswunder entnommen sind." Diese „drei symbolischen Stücke" reducirt Achelis zunächst auf zwei (S. 81), später (S. 84) versucht er, sie „auf eins zurückzuführen". Hören wir nun, wie er das erstere zu Stande bringt: „Die Siebenzahl der Speisenden zunächst aus Joh. 21 herzuleiten, ist ... unwahrscheinlich. Was der Erzählung dort und dem Bilde hier gemeinsam ist, ist eben nur diese Siebenzahl und die Fische, die auch dort einen Theil der Speisen ausmachen. Die Fische aber lassen ... noch manche andere Erklärung zu, und mit der Zahl 7 ist als einer heiligen Zahl im Judenthum und Christenthum unter allen Zahlen am meisten Symbolik getrieben worden." Zu dieser nimmt auch Achelis seine Zuflucht, indem er die „in jener Zeit geläufige Zahlensymbolik recipirt und in den sieben Gastmahlstheilnehmern die ganze Kirche dargestellt sieht". „Der Umstand" ferner, „dass es deutlich zwei Fische sind, hätte die bisherigen Ausleger an ihrer Deutung auf Christus irre machen sollen. Wenn ein Maler wirklich Christus als eucharistische Speise unter dem Bilde des Fisches darstellen wollte, konnte er nur einen Fisch anbringen, und nicht zwei".[2] „Eine andere Erklärung ... ergibt sich leicht aus der durch die sieben Körbe angedeuteten Beziehung auf das Speisungswunder. Dort sättigt nach den evangelischen Berichten der Herr das Volk mit fünf Broden und zwei Fischen, dasselbe thut er auch hier auf dem Bilde an der ganzen Kirche." Somit sind die drei symbolischen Theile des Bildes auf zwei „reducirt": „auf die durch die Sieben symbolisirte

---

[1] *Studien* S. 78.
[2] Auf der vaticanischen Stela mit dem ΙΧΘΥC ΖΩΝΤΩΝ, wie auf der Inschrift der MAPITIMA, ist dieses Verbot Achelis' überschritten

Kirche, und die in den Körben und Fischen angedeutete ‚wunderbare Speisung'. Der Maler dachte sich die ganze Kirche als theilnehmend an der wunderbaren Speisung. Es ist nun aber undenkbar, dass der Künstler auf diese Combination durch Willkür kam; er muss dadurch einen bestimmten Gedanken haben ausdrücken wollen. Es sind da verschiedene Möglichkeiten zu erwägen". Achelis hat drei ausgedacht, die wir zum abschreckenden Beispiel für ähnliche „Forscher", wie Achelis, hierhersetzen wollen.

„1. Herr Prof. Dr. Ad. Harnack hat einmal darauf aufmerksam gemacht, dass Brod und Fisch vielleicht allgemein als Bezeichnung asketischer Lebensweise, d. h. der ‚unschuldigen Speise' galten, und führt dafür an, dass die Marcioniten kein Fleisch, wohl aber Fische genossen. Diese Anschauung spricht deutlich auch Clemens von Alexandrien aus, wenn er in dem Fisch die εὔκολος καὶ θεολόγητος καὶ σώφρων τροφή sieht; und es ist wohl möglich, dass diese Anschauung auch die des Künstlers war. Es läge hier dann der Gedanke vor, dass die Kirche Christi eine einfache Lebensweise führt. Das ist allerdings ein Vorwurf weit niederer Gattung, als der, den man bisher hier suchte; aber wer will es beweisen, dass der Maler dieses kleinen, einfachen Bildes einen tiefsinnigen symbolischen Gedanken ausführen wollte? Die Anbringung der sieben Körbe und zwei Fische scheint freilich darauf zu weisen, dass es dem Künstler wesentlich auf den Gedanken der wunderbaren Speisung ankommt. Aber sie stehen dieser Auffassung nicht direct im Wege, da sie das besagen können, was Clemens a. a. O. ausführt, dass der Herr beim Speisungswunder ein Muster rechter Frugalität für die Christenheit aufgestellt habe!"

„2. Man könnte versucht sein, unter diesen allerdings völlig veränderten Umständen noch an der Deutung dieses Bildes als symbolischer Darstellung des Abendmahls festzuhalten . . . Ein fester Anhaltspunkt scheint" neben anderen Möglichkeiten „darin zu liegen, dass an der Rückwand dieses Cubiculum ein Taufact dargestellt ist. Aber näher besehen, ist dies nicht beweisend. Denn die hier vorliegende Bilderreihe stellt in keiner Weise einen zusammenhängenden Cyclus dar . . . Aus der Vergleichung dieser beiden Bilder entsteht sogar ein schweres Bedenken gegen die sacramentale Auffassung unseres Mahles. Warum sollte derselbe Maler, der dort klar und deutlich einen Taufact darstellte, hier nicht ebenso zweifellos eine Darstellung des Abendmahles geben, indem er den Theilnehmern Brod und Wein vorsetzte? Wollte er eine Beziehung zum Speisungswunder herstellen, so genügten dazu die sieben Körbe völlig."

„3. Es ist aber noch zu erwägen, ob hier nicht eine dritte Erklärung möglich ist, die gewöhnlich auf die Mehrzahl der anderen Gastmahlsdarstellungen angewandt wird, die des himmlischen Freudenmahles. Es scheint dies hier recht gut zu passen. Der Maler versetzte sich ins Jenseits. Er sah dort die ganze Christenheit versammelt, und als Inhalt der Seligkeit dachte er sich ein Mahl, bei dem Christus der Wirth ist, wie bei den Speisungswundern auf Erden. Darum legt er der Christenheit dieselbe Speise vor, die Christus den 4000 gab. Das Bild ist also etwa eine Ausführung des Gedankens: Μακάριοι οἱ εἰς τὸ δεῖπνον τοῦ γάμου τοῦ ἀρνίου κεκλημένοι (Apoc. 19, 9. 17. Cf. Matth. 22, 1 ff. Luc. 14, 16 ff.) ..."

„Unter der Voraussetzung des symbolischen Charakters unseres Bildes liegen diese drei Möglichkeiten für die Erklärung vor; und es wird schwer sein, zwischen ihnen zu wählen. Durch scharfes Abwägen aller Details wäre es vielleicht möglich, mehr Gründe für die eine als für die andere Auffassung vorzubringen." Aber „ist es denn anzunehmen, dass ein . . nicht hoch über dem Handwerker stehender Künstler überhaupt solche symbolische Gedanken concipirte und im Bilde wiedergibt? Alle Deutungen, die wir versuchten, repräsentieren einen phantasievollen, theologischen Gedanken, wie er sehr wohl im Kopf eines Gelehrten jener Zeit" (die Bescheidenheit verbietet Achelis, hier mit Rücksicht auf seine Person etwa „und unserer Tage" hinzuzufügen!) „entstehen konnte, aber schwerlich in dem eines solchen Malers. Der Grund unserer bisherigen Erklärungen: die Annahme einer symbolischen Composition, ist also im höchsten Grade ungewiss; es müssen im Gegentheil schon starke Gründe angeführt werden, ehe wir zu dieser Annahme schreiten. Zunächst aber müssen wir versuchen, zu einer einfacheren, nicht symbolischen Erklärung zu gelangen ... Oben hatten wir schon die von allen anerkannten drei symbolischen Elemente auf zwei reducirt; jetzt müssen wir versuchen, sie auf eins zurückzuführen. Sehen wir von diesen Ueberlegungen auf unser Mahl zurück, so scheint ein fester Anhaltspunkt noch geblieben zu sein, die Bezugnahme auf das Speisungswunder, die in den sieben Körben und den zwei Fischen ausgedrückt ist. Aber die Deutung der Siebenzahl der Personen ist zweifelhaft. Wenn auch den Gelehrten jener Zeit die Symbolik der 7 geläufig war, konnte sie unserem Maler doch unbekannt, oder wenigstens hier von ihm ignoriert worden sein. Es wird ihm vielmehr die 7 als die passendste Ergänzung der 4000 Mann des Evangeliums erschienen sein (!). Es ist das nicht eine blosse Vermuthung, sondern wir haben ein Gemälde in den Katakomben, welches zu dieser Auskunft zwingt, auf der Rückwand eines Arcosols im Cömeterium der Priscilla" — verbess.: des Thrason — „(Aringhi, Bd. II, S. 113)."

Die folgende *Anmerkung* zwingt uns, den Fluss der Rede zu unterbrechen; dort lesen wir: „De Rossi (*Rom. Sott.* II, S. 341, Anm. 5) sagt zwar über das Bild: ‚spettante alla classe dei primi inesattissimi saggi di copie delle sotterranee pitture, dei quali ho parlato nel T. I pag. 21 e segg. Ed ho buoni argomenti per credere, che in quella pittura sia stata espressa soltanto la cena come nei cubicoli callistiani'. Welches seine Gründe sind, sagt de Rossi nicht. Ich glaube trotz dieses Misstrauensvotums das Gemälde hier verwerthen zu dürfen, da ich keinen Grund einsehe, warum es schlecht überliefert sein soll."

Achelis wäre vielleicht zur Einsicht gekommen, wenn er de Rossi's Citat „T. I pag. 21 e segg." nachgeschlagen hätte. Dort ist die Rede von den ersten Copien, welche Ciacconio von den damals entdeckten Katakombenbildern anfertigen liess. Viele haben sich erhalten, de Rossi (l. c. p. 22) sagt über sie: „in coteste copie scopriamo la vera infanzia dell'arte di ritrarre e della scienza di interpretare le pitture cimiteriali". Als bezeichnendes Beispiel führt er die Noahbilder an, die unter der Hand jener Zeichner zu Predigerdarstellungen sich gestalteten: aus der Arche wurde eine Kanzel, und aus der Friedenstaube ein Engel, der dem Prediger die Worte zuflüstert! Auf einer dieser Copien stehen die erläuternden Worte: *S. Marcellus papa I et martyr ab angelo Dei in praedicatione edoctus*. Aehnlicher Zeichnungen musste sich Bosio, wie er selbst gesteht (*Rom. Sott.* p. 513), in mehreren Fällen bedienen. — Dass der Copist des in Rede stehenden Gemäldes aus S. Trasone wenig Glauben verdient, lässt sich mit Bestimmtheit nachweisen, obwohl dasselbe seit Jahrhunderten wieder verloren ist. Dieser Künstler zeichnete nämlich auch die Fresken eines noch erhaltenen Arcosols, in welchem ein Krieger bestattet war. Im Bogen sieht man rechts unten einen martialischen Krieger, der mit der Rechten ein Schwert zückt und die Linke geballt hat (Aringhi, *Rom. Sott.* I, 117). Aus dieser Figur machte der Copist ein Opfer Abrahams, indem er rechts von ihr den Isaak zeichnete, welcher mit gefalteten Händen (!) auf einem Reisigbündel kniet. Fast die gleichen Eigenthümlichkeiten bietet jenes Gemälde; auch da knien die Sieben und einer von ihnen betet mit gefalteten Händen. Letzteres ist aber für die Katakomben ein Anachronismus; dort beten die Figuren mit ausgebreiteten Armen. Unter diesen Umständen glauben wir das Bild mit de Rossi für schlecht überliefert halten zu müssen und sehen darin eine den callixtianischen ähnliche Mahlscene.

Hören wir nun nach dieser Unterbrechung, wofür Achelis das Bild hält und wie er es für seine Sache verwendet. Er schreibt (S. 84): „Wir sehen da sieben Personen in langen Gewändern, vor denen sieben Brode und zwei Fische liegen. In einiger Entfernung vor ihnen stehen sieben Körbe mit Brod. Die Leute selbst sind auf die Kniee gesunken; hierdurch wie in ihren Gesten scheint Staunen und Dankbarkeit ausgedrückt zu sein. Es ist offenbar, dass wir hier eine Speisung der 4000 (Matth. 15, 32 ff. und Par.) vor uns haben. Die sieben Körbe mit Brocken, die sieben Brode sind richtig angegeben; dass die ‚wenigen Fischlein' des Evangeliums hier in zwei präcisiert sind, ist angesichts der Erzählung von der Speisung nicht nur verständlich, sondern auch der beste und natürlichste Ausweg für den Maler. Die Scenerie (!) ist richtig, denn die Leute knien auf blosser Erde, und der Moment der Handlung ist sehr glücklich gewählt, da die Menge nicht während des Genusses, sondern als danksagend für die empfangene Gabe dargestellt ist. Statt der 4000 Männer hat der Künstler aber sieben gemalt. Eine grössere Anzahl, die den allgemeinen Eindruck einer grossen Menge auf den Beschauer macht, liessen seine künstlerischen Mittel nicht zu; er wählte darum die heilige Zahl, die 7. — Von hier aus fällt ein heller Lichtstrahl auf unser Bild in S. Callisto. Die sieben Personen, die zwei Fische, die sieben Körbe beiderwärts; dort verrichten die Leute ihr Dankgebet, hier essen sie schon. Deshalb sind auch hier ständig sieben Männer dargestellt, weil die evangelische Erzählung nur von 4000 (5000) Männern spricht. Es ist derselbe Gegenstand, nur in etwas abweichender Situation. In diesem vielumstrittenen (!) Gemälde in S. Callisto haben wir also ein Bild der wunderbaren Speisung der 4000." „Man möchte dagegen einwenden" (Achelis kann ganz unbesorgt sein!), „dass die Scenerie nicht richtig ist; denn die Sieben lagern hier nicht in der Wüste, sondern sie sitzen zu Tische. Indessen ist dies eine kleine Nachlässigkeit des Künstlers, die sich dadurch völlig erklärt, dass er die Kline aus den ‚Totenmahlen‘, die er gewohnt war, so darzustellen, beibehielt"!

Im Folgenden (S. 86) behandelt Achelis in ähnlicher Weise die „Speisungswunder" im allgemeinen und stellt sodann (S. 87) „eine Frage auf, welche über diesem ganzen Kreise schweben" soll: „aus welchem Grunde man gerade diese biblischen Bilder ausgewählt und wiederholt dargestellt habe". Ohne diese Frage zu beantworten, wirft er sich in der Anmerkung auf Hasenclever und überführt ihn eines **unwissenschaftlichen** Verfahrens. Nach dieser That beweist er die Existenz einer **zweiten** „Speisung der 4000" in demselben Cubiculum B, worauf er (S. 88) zu den Fresken des Cubiculums C übergeht.

Mit wenigen Worten gedenkt Achelis des Mahles der sieben Jünger (bei ihm der „Speisung der 4000"), weitläufig bespricht er dagegen die berühmte „Consecrationsscene", die (S. 89 f.) mit den Worten Schultze's beschrieben und erklärt wird[1]. Zum Schluss sagt er darüber: „es darf somit als feststehend bezeichnet werden, dass wir hier zwei bestimmte — wohl hier begrabene — Personen, einen Mann und ein Weib, vor uns haben, die unter sich eine aus Brod und Fisch bestehende Mahlzeit begehen. Das Weib betet, der „Mann" (dem

---

[1] Um die Wahrheit nicht anerkennen zu müssen, nimmt Schultze zu einer **Unmöglichkeit** seine Zuflucht und sieht ein Mahl, wo alles andere eher als ein Mahl dargestellt ist. Wir besitzen eine grosse Anzahl von Monumenten, heidnischen und christlichen, auf welchen **Mahlscenen** abgebildet sind; alle stimmen darin überein, dass sie diese Scenen immer der objectiven Wirklichkeit gemäss vorführen: **die Theilnehmer am Mahl erscheinen um den Tisch gelagert.** Nur in dieser Weise pflegte man nämlich das Mahl einzunehmen, **nicht stehend, wie wir es auf unserm Bilde sehen**: eine solche Darstellung des Mahles wäre für das Alterthum unverständlich und räthselhaft gewesen. Dazu kommt, dass die beiden stehenden Figuren keine Anstalten zum Essen treffen: der Mann ergreift nicht den Fisch und das Brod, wie Schultze sagt, sondern hält seine Hände nach diesen beiden Gegenständen hin ausgestreckt, und die Frau betet. Ueberdies widerstreitet es der Kunst, zumal der altchristlichen, in der Darstellung von Handlungen nicht diese selbst, sondern mehr oder weniger entfernte Momente vorzuführen, die den Handlungen vorausgehen sollen. Wenn daher Schultze in der Orante die Theilnehmerin eines Mahles erkennen kann, so steht für ihn gar nichts im Wege, ähnliches auch in dem evangelischen Fischer zu constatiren: dieser zieht den Fisch aus dem Wasser, lässt sich ihn dann zubereiten und schliesslich zum Essen auftragen! Ebenso lange muss auch die Orante warten; denn der Fisch ist hier noch gar nicht zur Mahlzeit zugerichtet, er liegt vielmehr so, wie er das Wasser verlassen, auf dem Tische, während er in den Mahlscenen, als ein nothwendiger Bestandtheil derselben, immer auf dem Teller, also mundgerecht, aufgetischt ist. Dieser Unterschied darf nicht übersehen werden; er ist nicht zufällig, sondern in S. Callisto consequent von den alten Künstlern durchgeführt: wir finden den Fisch **ohne Teller, also nicht als Speise zugerichtet**, überall da, wo er zusammen mit den eucharistischen Gestalten — entweder Brod und Wein oder nur Brod — auftritt. In diesen Fällen ist der Fisch (IXΘYC) hinzugefügt, um anzudeuten, dass das Brod das wirkliche Fleisch, der Wein das wirkliche Blut des *himmlischen* IXΘYC ist. Vergl. oben S. 61.

das Beten seiner Ehehälfte augenscheinlich zu lange dauert!) „greift schon nach den Speisen — dadurch ist eine Abwechslung in die Scene hineingebracht." [1]

„Durch diese Bestimmung", heisst es weiter, „haben wir das Bild der grossen Reihe von antiken und christlichen Mahldarstellungen eingereiht, deren Bedeutung uns weiterhin noch zu besprechen obliegt ... Es scheint aber der Einordnung in diese gewöhnlichen Mahlbilder ein Moment entgegenzustehen, das wenigstens überlegt sein will: der Zusammenhang mit dem danebenstehenden Bilde des Speisungswunders. Auch hier werden ja Brod und Fisch von dem Ehepaar gegessen. Diese Speisen sind jedenfalls aus dem Mittelbilde herübergenommen, und die Frage ist nur die, ob der Maler sie mechanisch oder in bestimmter Absicht entnahm. Nimmt man letzteres an, so ist das Bild als eine Individualisirung des Speisungswunders zu bezeichnen. Dann aber müssen wir weiter schliessen, dass wenigstens dieser zweite Maler der wunderbaren Speisung eine über das historische Ereigniss hinausgehende Bedeutung beigemessen haben muss. Welche Gedanken er sich darüber machte, lässt sich schwerlich ermitteln; vielleicht fasste er es als Vorbild der Frugalität, vielleicht als Typus des Abendmahls, vielleicht als Vorgeschmack des ewigen Lebens; aber irgend etwas Derartiges muss er hineingelegt haben, wenn er anders hier das Ehepaar als theilnehmend an dieser Speisung darstellen wollte. Gegen diese Erklärung aber erheben sich dieselben Bedenken, die uns oben von der traditionellen Deutung des Mahles der Sieben als symbolischer Composition abbrachten. So lange nicht triftigere Gründe vorliegen, dürfen wir den Katakombenmalern solche Gedankengänge nicht zutrauen. Und so wird die Herübernahme des Brodes und Fisches mechanisch erfolgt sein. Eben hatte der Maler eine Fischmahlzeit von sieben Personen dargestellt; Brod und Fisch lagen ihm gleichsam noch im Pinsel, so setzte er diesen Gatten bei ihrem häuslichen Mahle auch Brod und Fisch vor, ohne sich etwas Besonderes dabei zu denken."
— Welche Gedanken sich der Leser bei einem solchen „Forschen" machen muss, ist nicht schwer zu errathen.

---

[1] Die Kleidung des Priesters hat bei den „neuesten Katakombenschriftstellern" grosses Missfallen erregt. Hasenclever (S. 236) schreibt: „Was den angeblich consecrirenden Priester betrifft, so haben die römischen Archäologen es selbst eigenthümlich gefunden, dass ein solcher bei dieser Handlung halb nackt dargestellt wird." Hasenclever führt keinen dieser „römischen Archäologen" mit Namen auf, und, so viel wir wissen, ist bisher auch keiner von ihnen so thöricht gewesen, eine mit dem Philosophenmantel bekleidete Figur „halb nackt" zu nennen. Das Signal zu dieser unzeitigen Entrüstung gaben nicht sie, sondern Schultze, welcher in den „Studien" — je nach Bedarf seiner „unbefangenen Beurtheilung" der Monumente — ganz nackte Figuren ideal findet, im vorliegenden Falle aber mehr denn zwei Seiten (80 ff.) vollgeschrieben hat, um dann am Schlusse über die „leichtfertige, unziemliche Gewandung" verschämt erröthen zu dürfen! Hierzu liegt jedoch gar kein Grund vor; denn die nämliche Kleidung finden wir z. B. in derselben Kammer C (A⁵) bei Moses, der das Quellwunder vollzieht, finden wir in der anstossenden Kammer bei Christus, der den Lazarus auferweckt, sowie auch bei dem Propheten Isaias auf dem berühmten Marienbilde aus S. Priscilla. Wenn nun die Künstler so hervorragende Persönlichkeiten mit dem Pallium bekleidet abbildeten, so konnten sie dieses auch bei dem „consecrirenden Priester" thun, um so mehr, als sie es über sich brachten, denselben Priester in der gleichen Kammer auf dem Bilde der Taufe nur mit dem Perisoma bekleidet darzustellen.

b. Die Fischbilder aus S. Lucina.

"Grosse Bedeutung für die Fischsymbolik", schreibt Achelis (S. 94), "pflegt man den beiden Fischen in S. Lucina beizulegen. Um ein Mittelbild, das jetzt zerstört ist, sind sie symmetrisch gruppiert. Sie leben, schwimmen im Wasser, und tragen auf dem Rücken je einen Weidenkorb." Nach de Rossi's Vorgang sehen die meisten Archäologen hier den ΙΧΘΥC „mit den Elementen des Abendmahles" [1]. „Indes haben sich", lesen wir weiter (S. 95), „einige Bedenken gegen diese Auffassung erhoben. Schon Merz... äussert einen leisen Zweifel an dieser Ausdeutung des rothen Flecks am Korbe, Hasenclever (S. 233, Anm. 2) wiederholt denselben mit grösserer Entschiedenheit. Und die Vorstellung eines solchen Korbes, der an einer Stelle eine Lücke im Flechtwerk lässt, damit ein in ihm eingeschlossenes Gefäss sichtbar wird, hat allerdings grosse Schwierigkeit. Es ist bis jetzt das Vorhandensein solcher Körbe noch nicht nachgewiesen worden; sie haben auch schwerlich jemals existirt, am wenigsten als Bekleidung (!) von Abendmahlskelchen. Eucharistische Gefässe aus Glas sind im Gebrauch gewesen, aber dass sie mit einem Korbüberzug in dieser Weise versehen wurden, ist höchst zweifelhaft. Unverhältnissmässig klein erscheinen auch die Brode. Man müsste sich einen Deckel (!) auf den Korb und unter die Brode gelegt denken, weil sie sonst den Wein berühren würden. Oder soll etwa dieser Weinkorb mit den Broden eine Erfindung des Malers sein, ohne Vorbilder in der Wirklichkeit? Warum bildete dieser denn nicht ein wirkliches Abendmahlsgefäss und das Brod in entsprechender Grösse ab? Dann könnte kaum ein Zweifel über seine Absicht bestehen."

Achelis begnügt sich nicht damit, „leise" oder „entschiedene" Zweifel zu erregen, er gibt auch die Mittel an die Hand, sie zu beseitigen. „Alle diese Schwierigkeiten verschwinden, sobald man den rothen Fleck als Zufälligkeit irgend welcher Art ansieht, und ihm für die Erklärung kein Gewicht beilegt." [2] Besonders leicht, fügen wir die „Forschung" vervollständigend hinzu, lösen sich die Schwierigkeiten durch die Annahme, dass der Maler zufällig zweimal seinen Pinsel in den unrechten Farbentopf hineingetaucht hat! „Der Korb ist dann ein Brodkorb, und zwar eben derselbe, wie er bei den Speisungswundern in den benachbarten Sacramentskapellen stets erscheint. Und damit ist eine ganz neue Erklärung hier geboten. Wir werden dann dies Bild für eine in dekorativer Absicht gekürzte Darstellung des Speisungswunders" der 4000 „halten müssen" u. s. f.

---
[1] Vergl. oben S. 61.
[2] Hier haben wir ein Beispiel, wie eine den Monumenten fernstehende Wissenschaft sich in die Hände arbeitet: der von Achelis citirte Merz erregte zuerst „einen leisen Zweifel" an der richtigen „Ausdeutung des rothen Flecks am Korbe", Hasenclever wiederholt denselben mit grösserer Entschiedenheit; Achelis schreibt den „Fleck" dem launigen Zufall zu, — und Pohl ist von der Wucht dieser Zeugnisse so bewältigt, dass er in seiner kürzlich erschienenen Schrift über *die altchristliche Fresko- und Mosaik-Malerei* des „Flecks" mit keiner Silbe mehr gedenkt, während er denselben in seiner Arbeit über *das Ichthys-Monument von Autun* (S. 12) noch sehr gut als „ein Glas mit rothem Wein" kennt!

„Wichtig ist," heisst es S. 97, „dass durch diese Erklärung auch die de Rossi'sche Datirung der cubicula von S. Lucina hinfällig wird; denn er gewinnt sein Datum durch eine Vergleichung dieser Fischbilder mit den Mahlen in S. Callisto." Achelis dagegen glaubt die Fische in Lucina „nur als spätere, dekorative Ausbildung der Mahle in S. Callisto (oder ähnlicher) verstehen" zu müssen! Aus welcher Zeit die „ähnlichen" Mahle stammen, ist schwer zu bestimmen, da sie noch nicht entdeckt sind; die „Mahle in S. Callisto sind" — wie Achelis selbst zugibt — „in der ersten Hälfte des dritten Jahrhunderts entstanden": also fallen die classischen Malereien der beiden Lucinakrypten, die nach dem Urtheile der Gelehrten spätestens der ersten Hälfte des zweiten Jahrhunderts angehören, frühestens in die zweite Hälfte des dritten Jahrhunderts — ein Resultat, das allerdings alle bisherigen Forschungen der „römisch-katholischen Archäologen weit überholt hat".

In dem nun folgenden Abschnitt behandelt Achelis die zwei bekannten *Epitaphien aus Modena und S. Ermete*, auf denen zwei Fische und fünf Brode graffirt sind, die also eine offenbare Anspielung an die wunderbare Speisung bei Matth. 14, 17 enthalten. Nach dem Vorgange von Schultze bestreitet Achelis die symbolisch-eucharistische Deutung und hält nur an der historischen fest (S. 100): „Auf diesen beiden Steinen ist in kurzer, prägnanter Weise die Geschichte von der Speisung der 5000 dargestellt und weiter nichts."

Auch Hasenclever entscheidet sich für die „historische" Auffassung, da er „aber hier wie bei allen Darstellungen des Speisungswunders eine Beziehung auf das Abendmahl annimmt", so „lenkt er auf diesem Umwege wieder in die alten Geleise de Rossi's ein" (S. 87). Für solche und ähnliche Inconsequenzen lässt ihn dann Achelis die Schärfe seiner Waffen fühlen, hier, auf S. 100 ff., führt er einen förmlichen Vernichtungskampf „gegen die ganze Hasenclever'sche Auffassung von der Entstehung des christlichen Bilderkreises". Nach ihm hat Hasenclever „aus der Geschichte der altchristlichen Kunst einen derartigen Mechanismus gemacht, der weit davon entfernt ist, einer ‚unbefangenen, geschichtlichen Betrachtung' zu entsprechen". Wir können die mehr summarische Widerlegung überschlagen, da wir die Theorie Hasenclevers bereits einer eingehenden Kritik unterworfen haben.

Was Achelis (S. 102 ff.) über *die Gastmahlsbilder* sagt, lohnt nicht besonders vermerkt zu werden; wir gehen daher sofort zu seinem letzten Abschnitt über, in welchem er die Fischfangscenen in S. Callisto bespricht.

c. **Die Fischfangscenen in den sogen. Sacramentskapellen.**

„Es erübrigt noch," sagt Achelis (S. 106 ff.), „zwei Bilder in den Sacramentskapellen B und C zu besprechen, welche beide einen Fischfang darstellen[1]. Das in B beschreibt V. Schultze so: ‚Ein auf einem Felsen am Uferstrand

---

[1] Ueber diese Bilder vergl. man S. 58 f.

sitzender, unbärtiger Mann, der auf seinem Haupte einen breiten Hut (Fragment) trägt und über den Oberschenkel ein kleines Gewandstück geworfen hat; sonst ist er völlig unbekleidet. Mit der Rechten zieht er vermittelst einer Angelschnur einen Fisch aus dem Wasser' (Studien S. 24)... In C wiederholt sich dieselbe Scene... Bei der Interpretation haben wir wieder von B auszugehen. Da sich zu beiden Seiten eine historische Scene befindet, links das Quellenwunder, rechts das Speisungswunder, liegt es am nächsten, auch in dem Fischfang eine historische Darstellung zu suchen. Es sind auch schon mehrere Vorschläge in dieser Richtung gemacht worden. V. Schultze (a. u. O. S. 48) schlägt vor, das Bild durch Matth. 17, 27 zu erklären. Es soll hier der Moment dargestellt sein, wo Petrus den Befehl Christi ausführt, und den Fisch mit dem Stater fängt." Achelis hält „diese Auskunft" für „wenig befriedigend"; „denn die Pointe jenes Fischfangs, der Stater im Maul des Fisches, fehlt hier. Wer aber die Geschichte des ‚Fisches mit dem Stater' malen will, kann bei dem Fische unmöglich den Stater vergessen, oder er muss von grandioser Unfähigkeit sein."

„Noch weniger Anklang dürfte Hasenclever (S. 240 f.) finden, der hier eine ‚naiv abgekürzte' Darstellung des Fischzuges Petri (Luc. 5) wiedererkennt. Diese Erklärung involvirt in noch stärkerem Masse die Annahme einer bis ins Unverständliche und Unberechenbare hinaufreichenden künstlerischen Unfähigkeit des Malers."

Was denkt nun Achelis über die Scene? Die „Analogie der übrigen Katakombenbilder" bringt ihn zur folgenden Alternative: „entweder stellt das Bild einen bestimmten, hier begrabenen Fischer in Ausübung seines Berufes dar, oder es ist symbolisch aufzufassen." Nach Erwägung einiger Möglichkeiten entschliesst er sich für das letztere: „Unsere obige Betrachtung zeigte uns, wie sehr das Bild vom Menschenfischer bei den Kirchenvätern ausgeweitet wurde; wir dürfen dasselbe hier annehmen." Die Scene, wie es sich gehört, mit der Taufe in Verbindung zu bringen, erlaubt Achelis nicht; das seien „de Rossi'sche Phantasien", die „V. Schultze mit Recht zurückgewiesen" habe.

So sind wir am Ende der Schrift Achelis' über *das Symbol des Fischers* angelangt. Was wir nach Erledigung der ersten Hälfte derselben (S. 50) ausgesprochen haben, gilt in noch höherem Grade von dieser zweiten Hälfte, denn hier hat sich Achelis auch noch als einen bedenklichen Schriftsteller gezeigt. Und einen solchen, wir wiederholen es noch einmal, konnte Schultze gegenüber den „römisch-katholischen Archäologen" als Muster eines Forschers aufstellen!

Schluss.

Werfen wir zum Schluss einen kurzen Rückblick auf das Gesagte. Wir haben hier die Forschungen dreier protestantischer Gelehrten der christlichen Alterthumskunde vorgeführt. Um etwaigen Missverständnissen oder böswilligen Insinuationen vorzubeugen, glauben wir ausdrücklich erklären zu sollen, dass wir mit der vorliegenden Schrift uns nur gegen die drei wenden; denn es giebt gerade unter den deutschen protestantischen Gelehrten solche, die mit den Forschungen dieser nichts gemein haben, solche, deren Werke sich einen bleibenden Werth in unserer Disciplin gesichert haben. Andererseits wäre es eine Leichtigkeit, zu den dreien noch andere hinzuzufügen; wir haben uns auf diese beschränkt, weil sie für unseren Zweck völlig ausreichten. Bei allen individuellen Verschiedenheiten stimmen sie in zwei Punkten miteinander überein: **es fehlt ihnen fürs erste der wissenschaftliche Ernst.** Schultze blieb es vorbehalten, nach dieser Richtung hin die Bahn gebrochen zu haben: er war der erste, der, von vorgefassten Meinungen geleitet, die Monumente einer ans Dilettantenhafte streifenden Behandlung unterwarf; ihm folgte Hasenclever, der den Mangel an positiven Kenntnissen der christlichen Archäologie durch Phantasie zu ersetzen suchte; in Achelis endlich fand die unwissenschaftliche Forschung ihren vollsten und getreuesten Ausdruck, sie wurde zur Carricatur. — **Alle drei Forscher richten ihre Waffen entweder direct oder indirect gegen de Rossi,** und das ist der zweite Punkt ihrer Harmonie. Dass der directe Kampf ein unwissenschaftlicher ist, haben wir bereits gesehen; hier wollen wir noch ein Wort über den indirecten Kampf sagen. Sie polemisiren gegen die sogen. „römische Schule" oder „römische Tradition", die in Wirklichkeit nur eine tendenziöse Fiction ist, durch welche das wissenschaftliche Ansehen de Rossi's untergraben werden soll. Man lässt nämlich diese „römische Tradition" mit Bosio (oder zur Abwechslung auch Severano) beginnen, führt sie bis auf de Rossi und über ihn weiter hinaus und dehnt sie **ohne Unterschied** auf alle katholischen Archäologen aus. Mit Vorliebe gebraucht man diese Maske der „römischen Schule" gerade dann, wenn es sich um eine Sentenz, eine Interpretation irgend eines obscuren Archäologen handelt, die an werthloser Abenteuerlichkeit nichts zu wünschen übrig lässt. Dadurch fällt natürlich ein ungünstiges Licht auf die ganze „Schule", vor allem aber auf ihren Hauptvertreter — de Rossi! Auch dieses Verfahren verstösst gegen den wissenschaftlichen Takt.

Unter solchen Umständen darf man sich nicht wundern, dass in Deutschland in den durch unsere Drei repräsentirten Kreisen eine Winkelwissenschaft sich bilden konnte, die nur durch ein vorurtheilsfreies, gründliches Studium der Werke de Rossi's sowie der Monumente selbst beseitigt werden kann.

Namen- und Sachverzeichniss.

A.

Abercius, Bischof von Hieropolis in Phrygien 52; seine Romreise unter Marc Aurel 51; verfasste um 180 seine Grabschrift 51; Bedeutung seiner Grabschrift für die Symbolik 55.

Abraham, Opfer 18 ff.; symbolische Bedeutung des Opfers 19.

Acclamationen: EIC ANACTACIN AIΩNION 58; ἐν εἰρήνῃ 2; IN DEO 4; VIVAS IN DEO 4; IN PACE 3; In PACE ET IN CHRISTO 64. 80; Ἴλε · ΕΝ · ΘΕῷ 82; SPIRITVS TVVS REQVIESCAT 4.

Acilii, ihre Grabstätte in S. Priscilla 58.

Acilius Glabrio, Consul und Martyrer 58.

Achelis 37 ff.; seine Beurtheilung der „Väterstellen" 39 ff.; seine Beurtheilung der römischen Fischmonumente 62 ff.; unser Urtheil über ihn 50. 99.

Adam, s. Sündenfall.

Adonis, angeblicher Typus des Jonas 17.

Agape, Inschrift der 4. 67.

Alexander, Inschrift des 51.

Alumnus = θρεπτός auf christlichen Inschriften für servus 3.

Anbetung der Magier 33; angebliche Typen aus der Antike 35.

Anker 8. 39. 67 f. 70 f. 73. 81.

ANSER 63. 65.

Apostolischer Gruss auf Inschriften: PAX TIBI, TECVM, ΕΙΡΗΝΗ COI 3.

AQVILINVS 62 65.

Aringhi 7. 10. 12 23. 93.

Armellini 87.

Aschandius, Vater des Pectorius 56.

Augustinus 45 f.

Autun, Inschrift von 44. 55 ff.

B.

Bartoli 7.

Becker, Ferd. 13. 38. 62 ff. 66. 69. 76. 80. 82. 85. 88 ff.

Bellori 15.

Boldetti 10. 64 f. 80.

Bosio 23. 26. 74. 83 f.

Bottari 7. 23. 26. 73.

Brodvermehrung 26. 61.

C.

Ciacconio 23.

Clemens von Alex. 39 f. 42.; seine Kenntniss der Symbolik 41.

Consecrationsscene von S. Callisto 60 f. 95 f.

Cyprian 30 f.

D.

Daniel in der Löwengrube 21; ein Bild der ad leones verurtheilten Christen 22; älteste Darstellung im Hypogäum der Flavier 22.

Delphin, ein Symbol Christi 9. 40 f; bei den alten Christen identisch mit ΙΧΘΥC 62 f.

Demeter Kurotrophos 83.

D(iis) · M(anibus) 3. 67.

Doni 80.

DORMITIO, DORMIT IN PACE 4.

Dornenkrönung in Praetextat 84.

DRACONTIVS 63 f.

Duchesne 50. 52.

E.

Endymion, angebliches Vorbild des schlafenden Jonas 17.

Erbes 69. 76 f.

Eucharistie, das Unterpfand d. Auferstehung 58; auf den Inschriften des Abercius und Pectorius 60 f.; in den Sacramentskapellen 60 f.; bald unter der Gestalt des Brodes, bald unter derjenigen des Brodes und Weines 61.
Eva, s. Sündenfall.

F.

Ficker, Dr. Johannes 25. 64.
Fisch, als Symbol Christi (ΙΧΘΥC) bei den Kirchenschriftstellern 30 ff.; auf den Monumenten 43 f. 50 ff.; bei Hasenclever 13 f.
Fischer, der evangelische 58 f.
„Fischlein", Bezeichnung für die Christen 42. 50; analoge Ausdrücke dafür 42.

G.

Garrucci 6. 7. 8. 10. 12. 13. 18. 19. 21. 23 f. 26. 29. 35. 38. 51. 75 f.
Gottesdienst in den Katakomben 4.

H.

Hahn, selten dargestellt 9; Attribut des Apostelfürsten in den Verläugnungsscenen 10.
Handwerksinsignien 83.
Harnack, Prof. Dr. Ad. 92.
Hasenclever 1 ff. 40. 68 ff. 78 f. 95. 97 ff.; seine Theorie 1. 5 ff.; Genesis seiner Theorie 1; unser Urtheil über ihn 4. 85 f.
Heilung, wunderbare durch Christus 27. 38 f.
Hieronymus 42. 48 f.
Heuser 89.
Hirt, der gute 11.; eine selbständige Schöpfung der christlichen Kunst 15. 75; von Abercius ΠΟΙΜΗΝ ΑΓΝΟΣ genannt 53.

I.

Inschriften, altchristliche 1 ff.; ihre Unterscheidungsmerkmale von den heidnischen 3 f.; Entwicklung des Inschriftenformulars 3; Inschrift der Agape 4. 67; des Alexander 51; der ΜΑΡΙΤΙΜΑ 70 f.; römische mit dem Fisch gegen 100 ... 87.
Irenäus 58. 61.
Isaaks Opferung 18 ff.
ἰχθύες ἅγιοι 42.
ἰχθὺς fillus 42.
ΙΧΘΥC, das Akrostich 42. 47. 81.
ΙΧΘΥΣ ΑΠΟ ΠΗΓΗΣ 43. 59.
ΙΧΘΥC ΖΩΝΤΩΝ 67 ff. 76 f.
Job, Zeuge der Auferstehung 21; charakterist. Merkmal seiner Darstellungen 21.

Jonas, ruhend unter der Kürbisstaude 16; sitzend auf einem Felsen 17; seine angeblichen Vorbilder in der Antike 16 f.
Jungfrau, die heilige 50 f.
Jungfrauen, Parabel der klugen und thörichten 35; dargestellt im Ostrianum u. s. Ciriaca 85.
Jünglinge, die drei im Feuerofen 21 f.

K.

Kirsch 76.
Kranz 82.
Kraus 6. 8. 9. 12. 23. 24. 32. 40. 86. 89.
Kreuz, synonyme Begriffe 55.
Kunst, das Verhältniss der christlichen zur Antike 5 f.
Κυριακὸν σημεῖον = Kreuz 55.

L.

Lamm 10 f. 79; auf den ältesten Darstellungen mit dem guten Hirten 11; in S. Lucina 11; in landschaftlichen Scenen 11.
Lazarus, seine Auferweckung 16. 26.
Le Blant 30. 74. 76 f.
LEO 63. 65.
Liell 33. 64.

M.

M·M = MEMORIAE 72.
Maria 59; von Abercius ΠΑΡΘΕΝΟΣ ΑΓΝΗ genannt 59 f.
Marangoni 6.
Martigny 6. 10. 12 23. 26. 86.
Maximus von Turin 31. 47.
Memento, Bitte um ein 4. 56 f. 82 f.
Mers 89. 97.
Metaphrastes, byzantinischer Hagiograph 50.
Monogramm Christi 72. 80 f. 83. 88.
Moses, sein Quellenwunder 23 ff. 30 ff.; nicht Typus Christi 23; Darstellung des Quellwunders mit der Inschrift PETRVS 24 ff.; Typus Petri 25. 29 ff.; wie er seine Schuhe löst 26. 29; seine Gefangennehmung 28; Quellwunder zusammen mit der Verläugnung Petri 29; sein Parallelismus mit Petrus 29; als Gesetzgeber 29.
Münter 12.
Münz 9. 34.

N.

Noah in der Arche 12 f.

O.

Oelzweig 79.
ONAGER 63. 65 f.
Optatus von Mileve 31. 81.

Orante 82 f.
Orientius 50.
Orpheus in der altchristlichen Kunst 6; verglichen mit Christus 6; substituirt für den guten Hirten 6; ein Typus Christi 7.

P.

Pallium = Philosophenmantel des consecrirenden Priesters 60. 96.
Palme 3. 82.
ΠΑΡΘΕΝΟΣ ΑΓΝΗ 69 f.
PASSER 63. 65.
Paulus, der Apostel 28. 30. 53.
Paulinus von Nola 40 f. 45. 50.
Pectorius, seine Inschrift 42. 44. 55.
PERNA 63. 66.
Perret 83. 85.
Personificationen in der christlichen Kunst 7; der Sonne 7; der Erde 8; der Jahreszeiten 8.
Petrus, der Apostelfürst 2. 24 ff.; seine Attribute: der Hahn und der thaumaturgische Stab 9 f. 20; sein Name auf drei Darstellungen des Quellwunders Moses' 24 ff. 30 ff.; seine Verläugnung zusammen mit dem Quellwunder 29 f.; empfängt die Gesetzesrolle 28 ff.; empfängt die Schlüssel 28. 30; sein Parallelismus mit Moses 29; Statthalter Christi 30; Grundstein der Kirche 31; seine Cathedra 31 f.; sein Primat 32; Menschenfischer per eminentiam 40; sein Grab 69. 77.
ΙΙΙΙΠ 59 ff.
Piscis assus Christus passus 46.
ΙΙΙΣΤΙΣ 60.
Pitra 37. 39. 51. 53. 56. 60.
Podgoritza, Schale von 24.
Pohl, Dr. Otto 55 ff. 97.
PORCELLA 63. 65.
Prosper von Aquit. 47.

R.

Ramsay, W., entdeckte die Originalinschrift des Abercius 52.
Römische Quartalschrift 8. 14. 18. 19. 20. 29. 83.

Rossi, De R. 4. 8 f. 9. 11. 19 f. 22. 24. 26. 34. 37. 39. 47. 50. 51. 52. 53 ff. 60. 62. 65. 68 f. 71 f. 75 f. 78 ff. 83. 89 ff. 93 ff. 98 f.

S.

Sacramentskapellen, ihre Fresken 32. 58; besprochen mit den Inschriften des Abercius und Pectorius 58 ff.; chronologische Bestimmung ihrer Ausgrabung 90.
Sarkophage mit Fischscenen 38; der LIVIA PRIMITIVA 62. 73 ff.; des SATVRNINVS ET MVSA 74.
Schiff 89.
Schultze 16. 19 25 ff. 32. 42. 43 ff. 66 ff. 73 ff. 78 ff. 83. 89 ff. 95 f. 98 f.
Sigillum, signum, signum Christi, signum dominicum — synonyme Worte für das Kreuz 65.
Stela 87 f.; des AEORILIVS BOTTVS PHILADESPOTVS 14. 86; des Alexander 51; der LICINIA AMIAS 86 ff.
SERVVS, selten auf christlichen Inschriften 3; s. Alumnus.
Sündenfall im Paradiese 17 f.; seine angeblichen Vorbilder aus der Antike 17.

T.

Taube, ihre symbolische Bedeutung 79 f. 82; nach Hasenclever und Schultze 11 f. 79 f.; PALVMBVLVS SINE FEL 39. 79 f.
Taufe 58 ff.
Tertullian 20. 34. 41 f.
Tillemont 51.
Traube 82.

V.

Villefosse, De 77.

W.

Wissowa, Georg 64.

Z.

ZESVS (Jesus) CRISTVS 20.

Erklärung der Tafeln.

Tafel I: 1. Mittelfeld vom Sarkophag der Livia Primitiva; gefunden auf dem Vatican, jetzt im Louvre (S. 73 ff.).

2. Inschrift eines Doppelgrabes (bisomus) aus der Katakombe des hl. Hermes an der Via Salaria Vetus; jetzt im Lateranmuseum Pll. XIV, 22 (S. 70).

3. Stele der Licinia Amias; gefunden auf dem Vatican, jetzt im Kircherianum (S. 66 ff.).

4. Stele aus Ravenna (S. 71 f.).

5. Travertincippus des Aegrilius Bottus Philadespotus; gefunden an der Via Appia in der Nähe des Grabmals der Caecilia Metella, jetzt im Lateranmuseum Pll. XIV (S. 14. 86).

Tafel II: 1. Originalfragment der Inschrift des Abercius (S. 52 ff.).

2. Stele des Alexander aus dem Jahre 217 (S. 51 ff.).

3. Inschrift des „gläubigen" Kindes Zosimus; ihre Provenienz ist unbekannt, jetzt im Lateranmuseum Pll. XIV, 19 (S. 85).

4. 4a. 5. Kleine archaistische Thonfiguren aus Paestum, darstellend die Demeter Kurotrophos und zwei ihrer eleusinischen Priester (S. 35).

Taf. I